Collection
SAVOIR

Intelligence et connaissance artificielles

Traiter le savoir

Akhu Sono

à NTVH

AF882148

COMMANDER

Éditions Consonance
SQUARE COSMOS INC.
ica@AkhuSono.com

Sommaire

TRAITER LA STRUCTURE DU RÉEL

INTRODUCTION

1 Préface

1. **QUI** : À qui s'adresse le document
2. **QUOI** : L'objectif, le propos
3. **COMMENT** : L'approche, le fil conducteur
4. **AVIS** : Recommandations au lecteur

1.1 Qui

- Les technologues et les rêveurs à la recherche d'une voie durable au-delà de tendances plus réductrices d'aujourd'hui, pourraient trouver dans ce document, une partie de ce qui pourrait être, et possiblement, pourquoi.
- Ceux qui s'intéressent particulièrement à l'informatique, à la conception technique ou aux systèmes intelligents pourraient également y trouver des idées stimulantes ou matière à réflexion.
- Pour mieux connaître les valeurs et limites des systèmes intelligents qui les impactent, tous devraient lire ce document qui propose une nouvelle vision du développement de systèmes intelligents.

1.2 Quoi

L'expression « Intelligence artificielle » combine deux termes où « artificiel » réfère à l'informatisation donnant intelligence aux systèmes, mais qu'est-ce exactement que l'intelligence? Que devrait-on informatiser?

Qu'est-ce que l'intelligence?

Informatiser l'intelligence suppose qu'on en connaît bien l'opération. La définir clairement devrait être une première étape simple et naturelle.

Tous utilisent l'intelligence, pourtant, les définitions du terme sont surtout des listes d'exemples de cas potentiels de signes possibles d'intelligence, mais pas de définition effective et actionnable qui permette de savoir clairement ce qu'on doit informatiser.

1.3 Comment

À partir d'une compréhension et d'une définition clarifiées, le fil conducteur du document remonte aux causes profondes, à la nature et à l'opération de l'intelligence, pour en présenter des modèles de conception appropriés et pour enfin considérer les impacts du développement de systèmes effectivement intelligents, clé d'une économie du savoir profondément prospère et solidaire.

1.4 Avis

Les thèmes abordés sont vastes, diversifiés et ramifiés. Intéressants, ils soutiennent le fil du sujet.

Le gain vaut l'effort et au moins deux stratégies semblent rester indispensables :

1.4.1 Patience

Cette démarche définit divers concepts, en ordre aussi logique que possible, car leur compréhension, en contexte, est requise pour comprendre ce qui suit. La patience du lecteur facilite la suite.

1.4.2 Persévérance

Le propos est vaste et l'approche diffère. Un survol initial offre une perspective d'ensemble, montrant des enjeux, causes, liens, concept, et permettant d'envisager des stratégies.

Les limites d'un tel survol, pour un territoire aussi vaste, restent qu'aucun aspect ne peut y être traité vraiment à sa juste mesure. D'autres contextes sont requis pour les mieux traiter.

La persévérance sera l'amie du lecteur qui ne trouve pas tout de suite tout ce qu'il espère sur un aspect, ou sur plusieurs.

Certains sont abordés plus loin dans le texte, d'autres font l'objet de notes de fin à la *section 9.4.3 Notes*. D'autres encore, comme ceux la liste de thèmes de la *section 9.1.2 Thèmes*, sont proposés comme sujets reliés qui devraient faire l'objet de discussion en d'autres contextes.

Le document offre une vision possiblement différente, justement dans l'espoir d'ouvrir l'intérêt et la discussion, auxquels les auteurs sont heureux de participer.

INTELLIGENCE : HABILETÉ À TRAITER LA CONNAISSANCE

	CONNAISSANCE PAR RICHARD FEYNMAN https://www.facebook.com/reel/2137429980341533

2 Matières

SITUATION

3 CLÉ

Pour tenter de mieux contextualiser certains concepts fondamentaux de l'intelligence et de la connaissance, la présente section présente un cas d'usage simple, typique et qui permet d'observer un peu, l'opération de la connaissance, de l'intelligence et de l'information.

Plus particulièrement, l'exemple considère des aspects comme :

- Partage de connaissance
- Communication et information
- Différences et relations entre connaissance et information
- Intégration naturelle de la sécurité au partage
- Intuitivité du traitement et du partage de connaissance
- Bagages de connaissance[i]
- Collaboration et partage
- Confiance

Dans l'exemple, la phrase « La clé est sur la table. » constitue l'information échangée et indique qu'une clé se trouve sur une table.

Pourtant, un simple contexte naturel de partage de connaissance révèle un processus beaucoup plus profond.

Considérons successivement :

1. sa mise en contexte
2. sa portée ou signification
3. une brève analyse de quelques implications

3.1 Contexte

Sur le point d'aller chercher sa partenaire à l'aéroport, on s'aperçoit que la voiture ne démarre pas.

Comme ce ramassage est critique, on court chez l'ami et voisin d'à côté, il entretien son terrain, et on lui dit :

- "Oh, Je dois aller chercher ma femme à l'aéroport et la voiture refuse de démarrer".

Et l'ami occupé répond :

- "**La clé est sur la table.**"

Il y a une table juste là, à l'entrée, mais il n'y a pas de clé dessus. Puis, à la cuisine, toujours pas de clé sur la table

En regardant autour de soi, on peut voir des clés sur un crochet, dans un coin, sur le mur et on y reconnaît la clé de leur voiture et la prend.

Au retour, on rapporte quelques bonnes bouteilles de vin, pour finir la journée ensemble, autour d'un bon repas, tout en considérant le voyage de la partenaire et autres sujets.

3.2 Signification

Quel est le sens contextualisé de la réponse : "La clé est sur la table" ?

Dans le contexte, le sens effectif (la connaissance partagée) de la réponse ("La clé est sur la table") peut se résumer comme :

- Salut à toi mon voisin et ami de longue date. Je t'apprécie et j'ai confiance en toi. Notre dernier dîner ensemble me revient à l'esprit.
- J'espère que ta partenaire, ta famille et toi êtes bien et qu'autrement, tout va bien pour vous
- Je suis présentement occupé, mais j'entends bien ta demande et t'assisterai comme je peux
- Je sais que tu respectes nos lois, que tu as un permis de conduire et une assurance en règle
- Je sais que tu comprends que je te prête la voiture pour ce ramassage, que je ne te la donne pas, que tu ne peux la transférer ou t'en délester et qu'elle doit revenir intacte, aussitôt après
- Nous savons tous deux que tu es responsable de tout coût ou dommage associé, lorsque sous ta responsabilité et en conduisant
- Nous savons tous deux que puisque nous avons un système d'assurance, un système juridique, un système de police, un système pénitencier, si tu n'étais pas entièrement responsable, nous te poursuivrions en justice et pourrions prendre jusqu'à la chemise sur ton dos
- À votre retour, nous prendrons l'apéro en préparant le barbecue ensemble. Ta femme pourra nous raconter son voyage
- Prends la voiture. La clé pourrait être sur la table. C'est ma femme la dernière qui ...

De plus,

- ✔ Il n'y avait pas de clé sur la table, ni sur celle de la cuisine, mais on a plutôt trouvé un ensemble de clés accrochées au mur, sur un crochet, qui contenait une clé électronique, sans tige
- ✔ Au retour, on a profité de l'occasion pour prendre quelques bonnes bouteilles de vin pour accompagner le repas (BBQ) ensemble et remercier nos hôtes de leur soutien

3.3 ANALYSE

L'exemple « Clé » illustre, en contexte, plusieurs concepts déterminants pour informatiser l'opération de la connaissance et de l'intelligence.

Le tableau suivant souligne certains de ces aspects en les reliant à des éléments de l'exemple :

A	Description	« Clé »
NATURE	Naturelle, la connaissance est traitée et partagée intuitivement et subconsciemment, surtout.	Naturellement, même sans information échangée, les amis arrivent à partager leur savoir.
CONTEXTE	Ce ne sont pas les mots, phrases, ou informations qui comptent le plus. La signification effective est déterminée par les contextes spécifiques, commençant avec les bagages de connaissance respectifs des parties.	Il n'y a pas de clé sur la table, ni sur aucune autre.
BAGAGE	Plus que les mots échangés, les principaux garants de réussite des traiteurs[ii] de connaissance, commencent avec : • la complémentarité des intentions • la compatibilité des bagages de connaissance des traiteurs L'information échangée est un outil de communication et de formalisation utile.	Avec peu de mots, les amis peuvent se comprendre facilement et profondément, dans la mesure de la similitude et complémentarité de leur bagage de connaissance respectif.
MÉTABOLISME[iii]	Intuitif, subconscient et continu, le métabolisme de chaque traiteur regroupe des processus internes d'évolution et d'optimisation de son bagage de connaissance. Le métabolisme constitue une priorité naturelle, essentielle à la survie, au développement et à l'évolution. Voir *section 6.2.3.3 Métabolisme.*	À travers l'expérience et l'interaction avec le monde extérieur (flux), chacun évolue son bagage de connaissance.

A	Description	« Clé »
DIFFÉRENCE	Connaissance et information sont très différentes. Il semble essentiel de comprendre les spécificités des différences pour les gérer et informatiser, ainsi que gérer les répercussions sur les processus qui les utilisent.	Dans ce cas, les connaissances partagées étaient opérationnelles et la clé a été trouvée, malgré le partage d'informations erronées
COMMUNICATION	Outil de collaboration complexe et fragile, abordé à la *section 5 Collaboration*. La collaboration utilise la communication pour transférer des artefacts informationnels (messages, documents) entre émetteurs et récepteurs, alternant. La connaissance utilise la collaboration qui utilise la communication qui utilise l'information, un outil d'encodage conventionné.	Communication et information sont utiles pour formaliser ententes et spécifications : permis de conduire, d'assurance. Projection et inférence, convertissent entre connaissance et information.
SÉCURITÉ	De nombreux aspects de sécurité, même très élaborés, apparaissent intégrés naturellement dans la connaissance et son partage, comme dans l'exemple (Clé).	L'information échangée semble peu pertinente et c'est surtout la connaissance qui est partagé et qui permet l'activité.
TOLÉRANCE	Connaissance et intelligence sont tolérantes car la tolérance est cruciale à leur opération. Tout est relatif et rien n'est parfait. La tolérance est complexe puisqu'elle dépend des contextes, ainsi que des relations qualifiées de chaque ressource. Elle constitue un processus de modulation de comportement paramétré. La gestion des relations qualifiées reste la principale clé de la gestion de la tolérance.	Les clés sur le crochet ont été trouvées et la clé de la voiture a pu être identifiée, même si, sans tige, elle correspond peu aux clés usuelles. Sans clé sur les tables d'entrée et de cuisine, salon, boudoir, …, jusqu'où peut-on aller dans la maison du voisin?

4 Racines

Albert Einstein avait noté que la résolution de problème relève de la compréhension et de la résolution des causes profondes impliquées.

D'autre part, évoluer est un processus intelligent, fondé sur la connaissance de ce qui existe, et l'intelligence de savoir l'améliorer.

Que sont donc intelligence et connaissance? Quelles sont leurs racines, natures et opérations? Que sont ces phénomènes naturels, subconscients, construits l'un sur l'autre, et sur d'autres, depuis l'origine de l'existence?

Artificialiser connaissance et intelligence exige une compréhension précise de leurs racines, pour aider à comprendre ce qu'on souhaite informatiser.

Le survol des causes fondamentales fourni aussi le contexte pour préciser les termes et définitions qui permettent d'articuler les bonnes solutions.

La présente section 4 considère les racines de l'intelligence et de la connaissance, ainsi que quelques définitions (en italique dans le texte) et concepts indispensables à la compréhension et à la résolution.

Toutes les définitions potentielle d'un terme ne sont pas incluses, seulement celles correspondant à l'usage dans le texte.

La *section 9.4.1 Glossaire* offre un index alphabétique des termes définis.

Quelques concepts plus « techniques » ou spécifiques à l'informatisation sont introduits en *section 6 Artificiel*.

Les notes de fin sont numérotées séquentiellement, en chiffres romains, et attachées à la première utilisation de certains termes dans le texte. Leur définitions se retrouvent à la *section 9.4.3 Notes*, au numéro correspondant.

La section considère des concepts à la racine de la connaissance et de l'intelligence :

RACINES PAR COUCHE LOGIQUE	
	**1. Nature** Nature de l'existence ▪ Cosmos, Univers, Énergie, Réalité
	**2. Existence** Principes opérationnels de l'existence ▪ Unité, Intégrité, Causalité ▪ Solidarité, Asymétrie, Symétrie
	**3. Transformation** Transformation continue de l'existence ▪ Évolution, Entropie ▪ Temps, Sens
	**4. Connaissance** Existence de la connaissance de l'existence ▪ Mémoire, Apprendre, Problème, ▪ Information, Différence
	**5. Intelligence** Composants, opérations de l'intelligence ▪ Penser, Esprit ▪ Subconscient, Conscient ▪ Congruence, Réflexe ▪ Discipline ▪ Sentiment, Intuition ▪ Liberté, Science

LA CONNAISSANCE PERMET D'AVOIR LES BONNES RÉPONSES
L'INTELLIGENCE PERMET DE POSER LES BONNES QUESTIONS
LA SAGESSE PERMET DE SAVOIR QUAND POSER LES BONNES QUESTIONS

RICHARD FEYNMAN

4.1 Nature

Termes et concepts fondamentaux, sur la nature de l'existence, et ce qui en découle

1. Cosmos
2. Univers
3. Énergie
4. Réalité

4.1.1 Cosmos

Le Cosmos est tout, tout ce qui existe et tout ce qui le permet :

- Univers : tout ce qui existe, la réalité
- Principes : tous ce qui permet et soutient l'existence

Ce qui existe + Ce qui le permet

Parmi ces principes fondamentaux, on compte ceux de la logique naturelle; ceux de l'existence, de la causalité, et de la transformation; ceux qui soutiennent la logique du « gros bon sens ».

Plusieurs de ces principes sont plus directement pertinents au propos du document et sont considérés à la *section suivante (4.2)*, en commençant par le principe premier, celui dont les autres découlent: l'Unité.

4.1.2 Univers

L'univers est l'ensemble de ce qui existe, des champs énergétiques évolutifs en transformation entre concentration et dissipation.

L'univers comprend aussi ici l'ensemble des univers existants et ce qui les contient.

Les termes « univers » et « existence » sont presque synonymes, le premier offrant un point de vue plus physique ou matériel et le second plus axé sur l'interaction.

Feu
par Richard Feynman

https://www.facebook.com/reel/1415251816356180

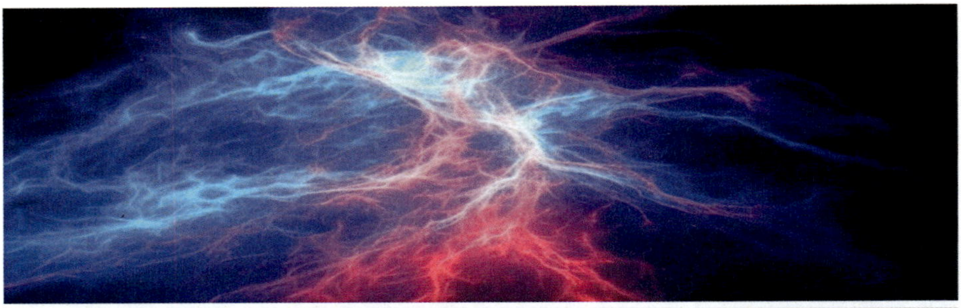

4.1.3 Énergie

L'énergie compose l'univers, elle est tout ce qui existe : des champs toroïdaux d'ondes énergétiques (lumière), évoluant dans un contexte logique, strictement causal et relatif, en transformation, entre évolution et entropie.

LA MATIÈRE PHYSIQUE EST LA MUSIQUE SOLIDIFIÉE

PYTHAGORE

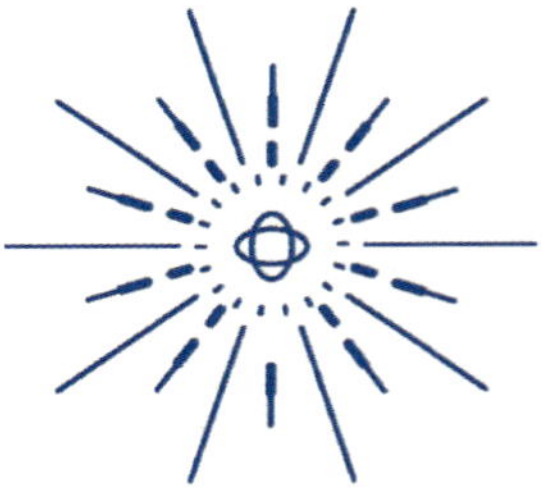

Intelligente, en quête perpétuelle de beauté et de perfection, contrant l'Entropie qui la dissipe et recycle ses structures, l'énergie s'évolue et se concentre à travers l'expérience du développement et de l'évolution de ses structures et de la réalité.

L'Énergie apprend, structure, recycle, évolue. Sa structure en transformation, en évolution.

Voir *section 9.3.2 Structures*, *sections 9.2.1.9 Forces* et *9.2.1.10 Trame*.

L'ÉNERGIE INSTANCIE LA CONNAISSANCE

ÉNERGIE
PAR RICHARD FEYNMAN

https://www.youtube.com/watch?v=2I4VMtDczQE

4.1.4 Réalité

La Réalité est la réalisation de l'existence et par extension, celle du Cosmos. La réalité désigne aussi communément l'univers et son évolution. Voir Énergie.

LA RÉALITÉ EST L'ÉVOLUTION ÉNERGÉTIQUE

RÉALITÉ
PAR RICHARD FEYNMAN

https://www.facebook.com/reel/1076700164643142

4.2 EXISTENCE

TERMES ET CONCEPTS RELIÉS AUX PRINCIPES ET PHÉNOMÈNES NATURELS QUI SUPPORTENT L'OPÉRATION ET LA TRANSFORMATION DE L'EXISTENCE

1. Unité
2. Intégrité
3. Causalité
4. Solidarité
5. Asymétrie

4.2.1 UNITÉ

Paradoxe à première vue, le principe premier (racine), l'unicité exprime que :

TOUT EST UN

- **Un** : L'Énergie en Transformation
- **Tout** : L'infinité des structures d'énergétiques en évolution

Le principe universel, à toute échelle, est que chaque élément du tout dispose d'autonomie et d'indépendance relatives qui lui permettent de collaborer avec d'autres éléments du tout.

L'évolution du tout et de l'Un, résulte de la transformation animée par les facettes opposées et complémentaires de la force, soit :

- **Solidarité** : Unificatrice, la structurante, moteur et principe d'évolution
- **Asymétrie** : Différenciatrice, déstructurante, moteur et principe d'entropie

Voir aussi la *section 4.3 Transformation*.

TOUT EST ÉNERGIE

RELATIVITÉ QUANTIQUE
PAR RICHARD FEYNMAN

https://www.facebook.com/reel/1912105713003020

4.2.2 Intégrité

RIEN NE SE PERD, RIEN NE SE CRÉE, *TOUT SE TRANSFORME*

LAVOISIER

La causalité transforme en maintenant l'intégrité énergétique globale.
(1e loi de thermodynamique)

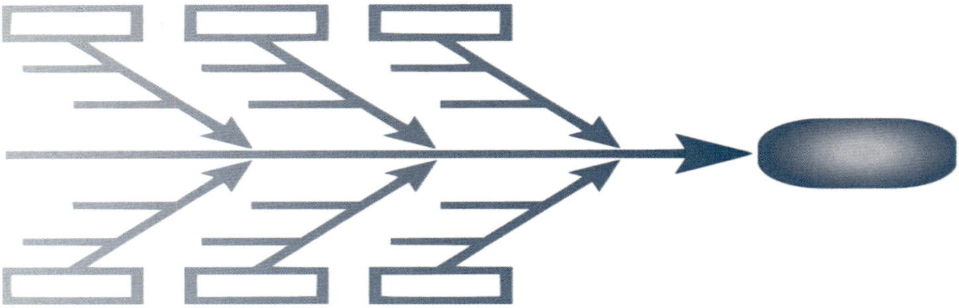

4.2.3 Causalité

La causalité assure que causes et conséquences sont à jamais intriqués, où chaque cause a ses conséquences et chaque conséquence a ses causes.

La causalité stricte qui régit l'existence et la réalité, cadre et façonne la logique naturelle et son application.

Les cause et effets cascadent en longues chaînes interdépendantes.

La relativité, résulte de la causalité, elle en est conséquence.

CAUSALITÉ STRICTE => RELATIVITÉ ABSOLUE

La stricte causalité impose la relativité absolue. Tout autre absolu ne se définit que comme « ce qui ne serait pas relatif/causal », ce qui semble absolument relatif.

Tout dépend de tout et tout influence tout, chacun à sa façon. Non seulement chaque cause a ses conséquences et chaque conséquence a ses causes, mais chaque conséquence constitue aussi une cause d'autres conséquences.

Chaque entité a ses propres perceptions et interprétations des réalités qu'elle peut ou ne peu pas influencer.

Voir aussi la *section 4.3 Transformation*.

POUR ÊTRE SÛR, JE DOUTE DE TOUT

DESCARTES

4.2.4 SOLIDARITÉ

La solidarité est la grande force unificatrice, celle qui relie tout et assure que « Tout » reste « Un ». Assembleur structurant, concentrant l'énergie, la solidarité alimente et anime l'évolution.

Fruit et moteur de collaboration, naturellement, la solidarité se manifeste sous des formes diverses :

FORCE		COLLABORATEURS
GRAVITÉ	SOLIDARITÉ DES	Masses
ÉLECTROMAGNÉTISME	SOLIDARITÉ DES	Charges
FORCES FAIBLES	SOLIDARITÉ DES	Électrons et noyaux
FORCES FORTES	SOLIDARITÉ DES	Particules du noyau
INTRICATION QUANTIQUE[IV]	SOLIDARITÉ DES	Quanta
SOLIDARITÉ	SOLIDARITÉ DES	Collaborateurs

L'AMOUR SEMBLE ÊTRE LA FORME DE SOLIDARITÉ LA PLUS ÉVOLUÉE

L'INTRICATION SE FONDE SUR LA CONNAISSANCE COMMUNE

INTRICATION
PAR RICHARD FEYNMAN
https://www.facebook.com/reel/2029425094270557

ASYMÉTRIE
PAR RICHARD FEYNMAN
https://www.facebook.com/reel/1825114308154813

4.2.5 ASYMÉTRIE

L'asymétrie est le principe de la différenciation, de la division, de la dissipation et du recyclage, des structures évoluées périmées.

Opposée et complémentaire à la solidarité unificatrice, l'asymétrie opère l'entropie, divisant les structures et assurant leur dissipation énergétique.

L'asymétrie, la division asymétrique assure aussi que chaque ressource, à quelque échelle que ce soit, est unique, en nature et en expérience.

4.2.6 SYMÉTRIE

La symétrie est ce qui ne serait pas asymétrique, une quête universelle d'idéal et de perfection, toujours relative, jamais parfaite, guidant les choix, la pensée, la structure et l'évolution, au cœur même de tout.

4.3 Transformation

Dans son univers strictement causal, l'énergie est en transformation permanente, sur un axe entre chaos et structure. La transformation est animée à travers les aspects opposés et complémentaires de la force, asymétrie et solidarité, affectant la concentration énergétique :

- L'évolution solidarise et développe les structures. La collaboration des composantes produit la ressource et solidifie leur appartenance. L'hydrogène est la solidarité de la collaboration du proton et de l'électron. L'évolution concentre l'énergie dans des structures plus sophistiquées, avec plus de capacité de résolution et de contribution
- L'entropie décompose les structures et dissipe l'énergie vers chaos

TOUT SE TRANSFORME

Antoine Lavoisier

L'entropie assure le recyclage nécessaire à l'évolution. L'évolution est existentielle pour l'énergie, son objectif ultime et permanent.

Tout se transforme, en permanence. La transformation crée et régie :
- **l'existence** : l'évolution de l'énergie
- **le temps** : indexe l'existence, la transformation énergétique

L'exemple le plus évident et personnel doit être l'alimentation où des êtres vivants en « entropisent[v] » (digèrent) d'autres, pour évoluer.

LA TRANSFORMATION ...	
• ENTRELACE ENTROPIE ET ÉVOLUTION • CRÉE LE TEMPS, SON INDEX • CADRE OPÉRATION ET SENS DE L'EXISTENCE	1. ÉVOLUTION 2. ENTROPIE 3. TEMPS 4. SENS

4.3.1 ÉVOLUTION

L'évolution est le phénomène naturel, existentiel, qui concentre l'énergie, en développant et évoluant les structures énergétiques. L'évolution requiert la compréhension de la structure de l'existant, pour pouvoir l'améliorer.

TOUT CE QUI EXISTE EST FRUIT ET OUTIL D'ÉVOLUTION

L'évolution apprend, comprend, développe et améliore les structures d'intérêt en construisant sur deux phénomènes intrinsèques à l'énergie :

- Connaissance : structure de la réalité d'intérêt
- Intelligence : compréhension, vision, amélioration de structures

À l'inverse de l'entropie (voir plus bas), l'évolution concentre l'énergie en structures nouvelles ou améliorées, plutôt que de la dissiper. Sans évolution, avec seuls l'entropie et le hasard, tout en resterait à la dissipation et au chaos initiaux. Pourtant, jusqu'à maintenant, l'évolution développe une réalité cohérente, structurée, complexe et d'une richesse infinie.

L'évolution ne traite pas que les structures physiques. En fait, l'énergie s'évolue des résolveurs de plus en plus sophistiqués, capables de résoudre des problématiques plus complexes, pour arriver à mieux concentrer l'énergie, dans leur contribution au sens de l'existence.

Évoluer commence par une compréhension d'un existant, de sa structure et de celle de son opération. Cette compréhension permet d'améliorer ou de mieux remplacer la structure opérationnelle de l'existant.

Fruit et outil d'évolution, tout contribue à l'évolution. Chaque vivant évolue au moins sa vie durant. Les parents épuisés meurent heureux de permettre à leurs enfants d'à leur tour, encore mieux contribuer à l'évolution.

SANS ÉVOLUTION LE CHAOS SERAIT D'AUTANT PLUS GRAND

L'évolution n'arrivera peut-être pas à éliminer le chaos, mais considère qu'il vaut la peine d'essayer et n'a possiblement pas tort. Dans ce processus elle évolue intelligence et savoir, résolvant des problèmes toujours plus complexes et concentrant de mieux en mieux l'énergie.

ÉVOLUER
PAR RICHARD FEYNMAN

https://www.youtube.com/watch?v=g9qmF6zicPQ

4.3.2 Entropie

L'entropie[vi], est le grand recycleur de structures, dont il divise asymétriquement les composants, pour en mieux dissiper l'énergie.

Mue par l'asymétrie, ou division asymétrique, l'entropie recycle les structures périmées, rendant leur énergie disponible pour évoluer nouvelles structures.

L'entropie transforme et déstructure, en ramenant l'énergie vers le « chaos », à l'opposé de l'évolution. L'érosion est un exemple de manifestation entropique.

4.3.3 Temps

Dimension fondamentale, à granularité[vii] illimitée, induite par la transformation.

Niveaux de granularité

Le temps distingue, mesure et indexe la causalité., et donc la transformation, l'évolution et l'entropie.

Maintes facettes intéressantes du temps perçu, ne sont pas abordées ici.

Le temps causal s'étale le long de l'existence de la réalité.

Cette vidéo présente la perspective instructive de Richard Feynman :

	Temps par Richard Feynman https://www.facebook.com/reel/1298511628812475

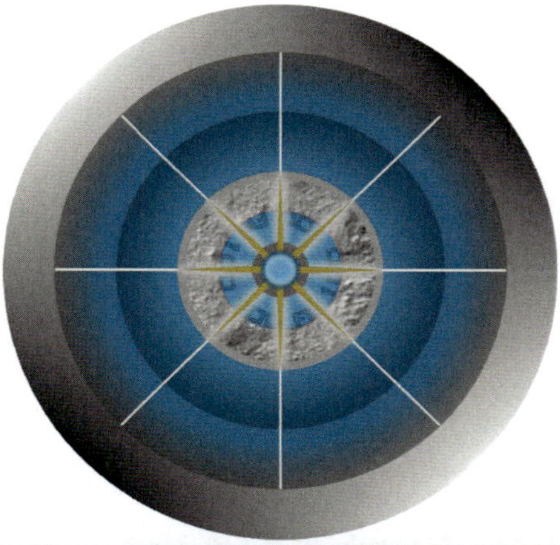

4.3.4 Sens

Pour tout ce qui existe, fruits et outils d'évolution, le sens de l'existence est de contribuer à l'évolution, aux limites des capacités héritées et acquises respectives.

CONTRIBUER À L'ÉVOLUTION
AUX LIMITES DES CAPACITÉS RESPECTIVES

Inscrit profondément au cœur de chaque entité, le sens de l'existence est fondamental et constitue le fondement logique de toute échelle de valeur ou code d'éthique. En fait tout découle du sens de l'existence.

FAIRE CE QU'ON PEUT, AVEC CE QU'ON A, LÀ OÙ ON EST
THÉODORE ROOSEVELT

LA FOLIE N'ÉTAIT-ELLE PAS DE VOIR
LE MONDE TEL QU'IL EST
ET NON TEL QU'IL DEVRAIT ÊTRE ?
JACQUES BREL

LE PLUS IMPORTANT EST DE MENER UNE VIE MORALE D'ÊTRE BIENVEILLANT, HONNÊTE, SINCÈRE, PATIENT, COURAGEUX, ALTRUISTE DE NE PAS VIVRE POUR SOI-MÊME, MAIS POUR LES AUTRES, POUR AIDER LES AUTRES, À RENDRE LE MONDE MEILLEUR, LAISSANT DERRIÈRE SOI UNE VIE QUI A ÉTÉ UTILE, ET NON UNE VIE GÂCHÉE. VOILÀ LE VÉRITABLE SENS DE LA VIE.
LÉO TOLSTOY

Plusieurs phénomènes, eux aussi fruits et outils d'évolution, sont des indicateurs naturels, opérant dans le contexte du sens de l'existence, comme :

4.3.4.1 Bonheur

L'axe bonheur/malheur indique au traiteur de connaissance le niveau de sa congruence avec le sens de l'existence.

4.3.4.2 Bien

L'axe bien/mal, qualifie la congruence avec le sens de l'existence.

- **Bien** : *ce qui contribue effectivement à l'évolution*
- **Mal** : *ce qui ne contribue pas ou mal à l'évolution (dévolution)*

LE MAL EST LA FORCE QUI CROIT QUE SA CONNAISSANCE EST COMPLÈTE

DR JORDAN PETERSON

4.3.4.3 Beauté

L'axe beauté/laideur indique l'harmonie de structure de réalité pour guider la contribution à l'évolution.

4.3.4.4 Idéal

L'idéal est ce que l'on recherche, c'est ce que l'on a pas. Dans un contexte strictement causal et relatif, l'idéal c'est l'absolu intégré, la perfection.

La recherche de symétrie, d'harmonie, de beauté sont des quêtes d'idéal qui guident l'expérience et la contribution à l'évolution.

4.3.4.5 Prospérité

La prospérité résulte de la productivité de la collaboration.

La prospérité offre une richesse durable répartie équitablement.

En principe, dans le contexte ici, « équitablement » est relatif aux contributions à la collaboration.

L'INSPIRATION EXISTE, MAIS ELLE DOIT TE TROUVER AU TRAVAIL

PABLO PICASSO

INTRINSÈQUE À L'ÉNERGIE,
LA CONNAISSANCE MODÉLISE
LA STRUCTURE DU RÉEL

4.4 CONNAISSANCE

Phénomène naturel fondamental, moteur intrinsèque de l'évolution, la connaissance modélise la structure de la réalité.

Depuis son origine, l'évolution s'adapte aux phénomènes naturels qui la régisse et à ceux qu'elle développe. Cette adaptation prend une multitude de formes comme, par exemple, lorsqu'elle développe :

- des poumons pour tirer profit des propriétés de l'oxygène
- des membres pour mieux profiter de la gravité terrestre
- l'intelligence pour traiter la connaissance/structure de réalité

Connaissance et intelligence sont des phénomènes naturels développés par la nature. La connaissance modélise la structure du réel. Son extension, l'intelligence, est l'habileté à la traiter.

Naturellement, connaissance et intelligence sont intuitives, précisément parce que construites sur des phénomènes naturels, dont la compréhension constitue un prérequis pour pouvoir effectivement les artificialiser.

La connaissance est le fondement de l'évolution, de la pensée, du savoir, de la conscience, de l'apprentissage et de l'action.

D'autres sections, ci-après, considèrent divers aspects de la connaissance, comme sa nature, sa persistance, ainsi que ses relations et différences avec l'information et la communication.

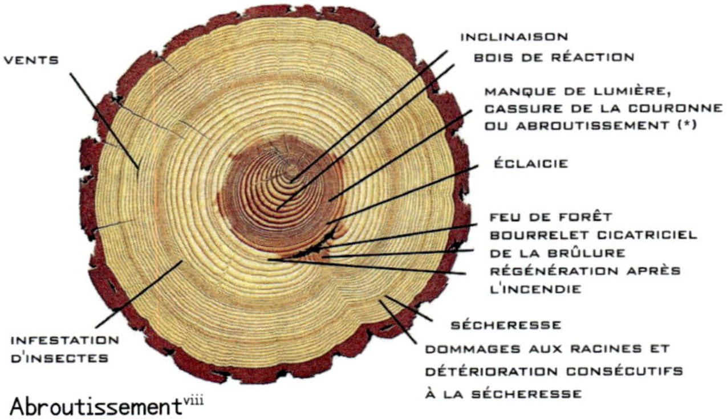

* Abroutissement[viii]

MÉMOIRE PAR RICHARD FEYNMAN

https://www.facebook.com/reel/2139632166872027

4.4.1 MÉMOIRE

La structure du réel est naturellement persistante. *La connaissance persiste, gravée dans la structure de la réalité, indexée par le temps.*

De plus, des éléments de structure du réel sont modélisés, interprétés et persistés dans des mémoires auxiliaires, elles-mêmes aussi typiquement inscrites dans la matière, comme des mémoires biologiques ou magnétiques.

La connaissance est la structure du réel et en connaître un élément, c'est en connaître la structure, l'opération, les comportements, les contraintes, les relations, tout sur cet élément, soit bien plus que sa simple description.

Apprendre, c'est analyser et expérimenter une réalité pour tenter d'en mieux connaître la structure et l'opération. Voir Apprentissage, plus bas.

Les modèles de connaissance que traite la pensée, ancrent la prise de conscience de la structure d'aspects de la réalité d'intérêt. Dans la pratique, la connaissance modélise ce qu'elle identifie de la structure de réalité, ou d'un sous-ensemble.

Rien ne se perd, rien ne se crée, tout se transforme, et le temps indexe le changement. L'image ci-haut montre comment un arbre mort enseigne son histoire et celle de son environnement, à travers son existence.

L'ADN, par exemple, gère un savoir inégalé et brille par ses capacités de mémorisation, de reproduction, de transmission, de création d'êtres et autres, mais aussi par son architecture, son raffinement et sa collaboration.

La structure de chaque élément de réalité constitue une ressource de connaissance. Voir aussi *Section 6.1.2 Ressource*, ainsi que quelques exemples, en annexe, les *sections 9.2.1 Nature* et plus spécifiquement *9.2.1.7 Mémoire*.

4.4.2 Apprentissage

L'apprentissage est le processus d'acquisition de connaissance.

L'APPRENTISSAGE EST L'ART DE LA RENCONTRE

ALBERT JACQUARD

L'expérience de la réalité, permet d'en analyser et modéliser la structure et l'opération, pour ainsi les absorber (connaissance).

ACCROÎTRE LA CONNAISSANCE RÉDUIT L'ENTROPIE

L'apprentissage prends une de deux formes ou une combinaison des deux :

- **Apprentissage direct** : approche la plus complète, par l'expérience, la pratique, l'expérimentation, l'inférence et la modélisation, en interaction directe avec la structure et l'opération de la réalité considérée
- **Apprentissage indirect** : par l'étude, l'échange, en apprenant de l'expérience d'autrui, en modélisant la connaissance à partir d'information partagée, elle-même projetée à partir de modèles existants. Ce type d'apprentissage mérite typiquement d'être renforcé par l'expérience directe et combine :
    - **Interaction** : En interaction avec traiteur(s) expérimenté(s) : guide(s)
    - **Différé** : À travers des artefacts : documents, modèles, manuels

DANS SA COURSE AVEC L'ENTROPIE,
L'ÉVOLUTION APPREND, POUR MIEUX STRUCTURER

L'apprentissage par des artefacts informationnels (ex. livres, vidéos) est souvent plus accessible et peut permettre d'optimiser l'expérimentation subséquente, qui reste requise, pour assurer l'absorption effective.

	APPRENTISSAGE PAR RICHARD FEYNMAN https://www.facebook.com/reel/885089097458062

**NOTRE CIVILISATION POURRAIT ÊTRE LA PREMIÈRE DÉTRUITE
NON PAS PAR LA PUISSANCE DE NOS ENNEMIS
MAIS PAR L'IGNORANCE DE NOS ENSEIGNANTS
ET LES DANGEREUSES ABSURDITÉS
QU'ILS ENSEIGNENT À NOS ENFANTS
À L'ÈRE DE L'INTELLIGENCE ARTIFICIELLE
ILS CRÉENT UNE STUPIDITÉ ARTIFICIELLE**

THOMAS SOWELL

L'apprentissage est un aspect clé du traitement de connaissance. Les traiteurs artificiels ont avantage à procéder comme les humains en profitant de leurs bagages de connaissance en évolution, traitant les flux externes sensoriels et moteurs, ainsi qu'internes, à travers le métabolisme de connaissance.

L'apprentissage machine constitue un important volet de l'IA[ix] actuelle. Basé sur le traitement d'information plutôt que celui de connaissance, aujourd'hui, cet apprentissage s'utilise dans un contexte d'IA massive, typiquement assisté par une importante ou très importante contribution humaine et donc sujet aux biais, pour ne pas aussi mentionner les atteintes à la propriété intellectuelle.

L'IA massive actuelle est appelée à contrôler tous les soutiens aux humains, y compris l'information où les biais indus posent des défis non-surmontés et la propriété intellectuelle qui reste le grand différenciateur/avantage humain.

Pourtant, la nature favorise la flexibilité et la résilience de structures modulaires, en réseaux dynamiques, plutôt que les monolithes et dinosaures

À l'image des traiteurs de connaissance naturels, les traiteurs artificiels sont conçus pour apprendre de leur interaction avec le monde extérieur, ainsi que de l'opération et la gestion de leur métabolisme de connaissance. À partir d'un noyau, un ADN et une formation de base, le métabolisme de connaissance de chaque traiteur évolue son bagage à travers expériences et collaborations.

L'apprentissage injecté, de IA actuelle reste utile, mais les traiteurs artificiels doivent pouvoir développer et évoluer leurs apprentissage, expérience et connaissance autonomes, partant du noyau hérité, toujours en référence, à la racine d'un bagage de connaissance en évolution.

Les processus métaboliques sont déterminants pour l'apprentissage, car ils sont responsables de l'évolution du bagage de connaissance du traiteur et donc de la corrélation, de l'intégration, de la transformation des ressources de connaissance, dans le bagage de connaissance du traiteur.

Voir aussi *Section 7. Impacts*.

4.4.3 Problème

Opportunités stratégiques de contribution à l'évolution, les problèmes représentent des perceptions et vues de l'esprit, sur une situation.

La perception d'un problème est un signal du subconscient au conscient, indiquant qu'une solution existe pour une situation donnée et que le traiteur percevant le problème peut contribuer à le résoudre.

Sans solution, il n'y a pas de problème, uniquement une situation. La galaxie d'Andromède entrera en collision avec la Voie lactée. L'évènement est astronomique, mais ce n'est pas un problème, faute de solution potentielle.

D'autre part, si au sortir d'un métro pour une rencontre importante, il pleut et le parapluie ne veut pas s'ouvrir, on a un problème à résoudre rapidement et diverses approches de solution sont disponibles.

Un problème n'existe que dans l'esprit de ceux qui peuvent et souhaitent contribuer à le résoudre, alors que pour les autres, ça reste une situation.

Pourtant, les problèmes sont la clé du bonheur, si on est à l'écoute et si on sait saisir l'occasion. La résolution d'un problème provoque la sécrétion d'hormones du bonheur et la satisfaction de contribuer effectivement à l'évolution. En collaboration, la solidarité s'accroît entre les collaborateurs.

Fruits et outils d'évolution, les problèmes sont des indicateurs naturels qui guident l'intention des traiteurs, vers la réalisation du sens de l'existence.[x]

La détection, le sentiment du problème imminent, qui évolue en stress et peut-être en désarroi face l'ampleur du problème, convoque les composantes de l'esprit pour le résoudre et en partager la gratification. La clé est comprendre et résoudre les problèmes en évitant d'en créer d'autres.

Quelques stratégies pour comprendre et résoudre des problèmes :

Démarche	La démarche scientifique boucle sur : le doute, l'observation, l'analyse, l'hypothèse, l'évaluation et la remise en question, pour mieux évoluer la compréhension et la connaissance
Causalité	Dans un contexte strictement causal, un problème ne peut être résolu qu'à travers la compréhension et la résolution effective de ses causes profondes
Division	Moteur d'entropie, la division asymétrique (diviser pour régner), permet aussi la décomposition des problèmes, nécessaire à leur résolution. Voir Entropie, Asymétrie, plus haut.

SAVOIR RÉSOUDRE TOUS LES PROBLÈMES QUI ONT ÉTÉ RÉSOLUS

RICHARD FEYNMAN

4.4.4 Information

Outil de communication (cf. *section 5.4 Communication*), *l'information, est l'ensemble plus ou moins structuré et arbitraire des valeurs et symboles échangés, sur les médias de tous types.*

Quelques exemples d'information, en format texte ici :

Information	Description
"25"	Valeur (nombre)
"Lise"	Identifiant (pourrait être une valeur)
"Lise=25"	Propriété (assigne une valeur à un identifiant)
"Lise : Âge=25 masse=55"	Collection (assigne 2 propriétés à un identifiant)
"La clé est sur la table"	Valeur (phrase)

Fondamentalement, pour l'information, tout est symbole, ou séquence de symboles, comme les valeurs et les identifiants. Les distinctions se trouvent définies dans des conventions et traditions, modélisées dans des codes et langages, chacun avec ses lexiques, syntaxes et grammaires, définissant, pour chaque contexte, la combinatoire potentielle, entre valeurs et identifiants.

L'information sert la communication et la formalisation, essentielles aux sociétés (collaboration). La communication se fonde sur le partage d'artefacts informationnels comme des messages et documents, entre émetteurs et récepteurs, des rôles réservés aux traiteurs de connaissance avancés, qu'ils soient naturels ou artificiels. L'information encode les contenus partagés.

Les émetteurs projettent, sous différents critères, des aspects de ressources ou modèles de leur bagage de connaissance respectif, dans des vues informationnelles, partagées, avec les récepteurs qui interprètent, infèrent et intègrent dans leurs bagage de connaissance respectif, des ressources de connaissance correspondantes.

Les systèmes informatiques actuels et les réglementations en vigueur ne traitent que l'information et surtout, l'apparence de l'information.

Traiter la connaissance traite l'information, dans le contexte de la connaissance, qui lui donne son sens et ses relations, permettant l'échange effectif de ressources de connaissance entre traiteurs.

4.4.5 DIFFÉRENCES

CONNAISSANCE VS INFORMATION

Complémentaires, connaissance et information restent bien différentes. La compréhension des différences et des relations entre les deux impacte leur informatisation respective, en plus de la bonne compréhension des enjeux.

4.4.5.1 HIÉRARCHIE

D'abord, bien comprendre la hiérarchie de grands services de connaissance :

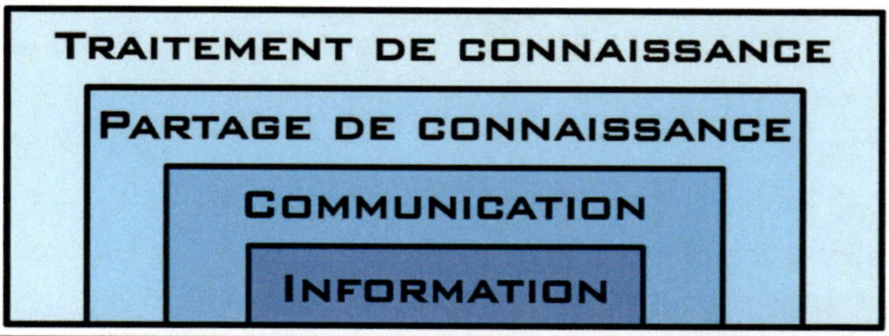

LE TRAITEMENT DE CONNAISSANCE GÈRE LE PARTAGE DE CONNAISSANCE QUI UTILISE LA COMMUNICATION POUR ÉCHANGER L'INFORMATION.

4.4.5.2 STRUCTURE

La connaissance comprend au moins :

- Les archétypes, modèles, structures de connaissance
- Les relations qualifiées[xi] entre les ressources
- Le traitement des réseaux de relations qualifiées
- L'optimisation continue des ressources et traitements (métabolisme)
- L'intégration, la corrélation et la classification dynamiques
- Le sens et la signification
- L'intégration ontologique
- Les outils, règles, contraintes et indicateurs de gouvernance
- La gestion de la sécurité et de la gouvernance
- L'historicisation, la journalisation, le traçage
- La communication pour le partage et la coordination
- L'information, qu'elle traite par inférence et projection
- La connaissance de la connaissance ou méta-connaissance (méta-cognition), moteur de la conscience

La connaissance est significative, corrélative, compréhensive et résolutive.

L'INFORMATION ENCODE - LA CONNAISSANCE SAIT

COMPRENDRE HABILITE

4.4.5.3 INTERACTION

Connaissance et information sont liées réciproquement par la projection et l'inférence de ressources de connaissance :

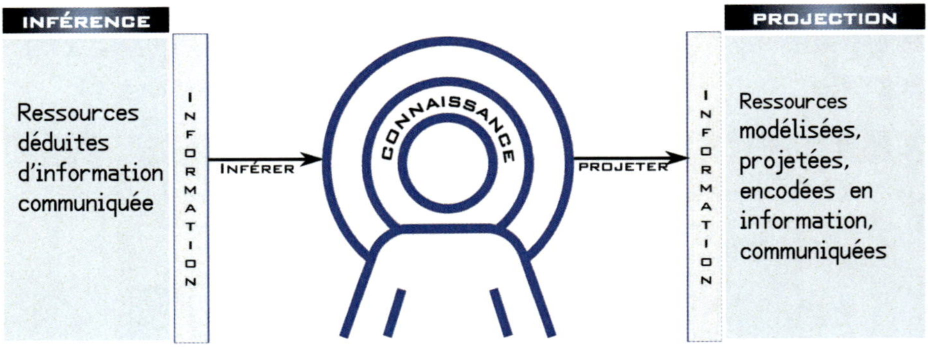

Ces processus de projection et d'inférence entre connaissance et information sont relativement complexes, mais heureusement, pour les humains, l'opération de la connaissance est intuitive et typiquement subconsciente.

Leur informatisation requiert cependant une compréhension plus spécifique.

4.4.5.4 OPÉRATION

Le traitement de connaissance diffère du traitement d'information, sous plusieurs aspects, dont :

ASPECT	INFORMATION	CONNAISSANCE
CONVENTIONS	Conventions et traitements arbitraires limitent intégration, gestion et gouvernance effectives	Modèles et principes naturels, traitements structurés par la gestion de relations qualifiées
PROCESSUS	Conventionné, arbitraire	Naturellement dynamique, intuitif, continu, évolutif, intégré
NORMES	Protocoles, architectures, communication	Peut être mieux normé, grâce à son modèle naturel, sa gestion de relations qualifiées, sa classification dynamique
APPLICATIONS	Applications actuelles	Collaboration, partage, intelligence, jugement, gouvernance, sécurité en profondeur

4.5 INTELLIGENCE

L'INTELLIGENCE, EST L'HABILETÉ À TRAITER LA CONNAISSANCE

TRAITER LA CONNAISSANCE C'EST L'ÉVOLUER

INTELLIGENCE
1. PENSER
2. ESPRIT
3. SUBCONSCIENT
4. CONSCIENCE
5. CONGRUENCE
6. RÉFLEXE
7. DISCIPLINE
8. SENTIMENT
9. INTUITION
10. LIBERTÉ
11. SCIENCE

Les tentatives de définition du terme « intelligence » sont plus souvent de simples listes de cas d'usage potentiels. La *section 9.2.2 IA* annexe les tentatives ChatGPT à définir *9.2.2.2 Intelligence* et *9.2.2.3 Intelligence artificielle*, comme exemple d'une non-définition ou indéfinition.

Pourtant, l'intelligence est simplement *l'habileté à traiter la connaissance*. Traiter la connaissance c'est l'évoluer.

L'INTELLIGENCE EST LA FORCE, SOLITAIRE, D'EXTRAIRE DU CHAOS DE SA PROPRE VIE LA POIGNÉE DE LUMIÈRE SUFFISANTE POUR ÉCLAIRER UN PEU PLUS LOIN QUE SOI

CHRISTIAN BOBI

Les traiteurs de connaissance, humains, systèmes ou autre, doivent savoir reconnaître, acquérir, modéliser, analyser, comprendre, classifier, organiser, intégrer, optimiser, corréler, approfondir, sécuriser, exploiter, retracer, partager, ..., les ressources de connaissance.

L'INTELLIGENCE, CE N'EST PAS CE QUE L'ON SAIT, MAIS CE QUE L'ON FAIT QUAND ON NE SAIT PAS

JEAN PIAGET

Dans le modèle naturel d'architecture de traitement de connaissance, comme chez les humains par exemple, l'intelligence traite des flux continus :

- **Flux internes (métabolisme)** : penser, traitement continu du bagage de connaissance : analyse, classification, corrélation, intégration, évolution
- **Flux externes (interaction)** : traitement des interactions avec le monde extérieur comme : apprentissage, motricité, traitement, partage, collaboration. Ces flux sont de deux types :
  - **sensoriels** (entrée), permettant d'inférer des ressources de connaissance
  - **moteurs** (sortie), permettant de projeter des ressources de connaissance

Relative et corrélative, alimentée d'expérience, d'apprentissage, de rigueur et de créativité, l'intelligence est un catalyseur déterminant d'évolution.

L'intelligence compare et qualifie sans contrainte de granularité. Opération fondamentale de l'intelligence, la qualification résulte de la comparaison.

COMPARE (A, B) => Q

Chaque traiteur évolue (métabolisme) son bagage de connaissance en continu, l'enrichissant et l'optimisant au fil de son expérience et des flux échangés. Chaque traiteur opère en fonction de son bagage de connaissance actuel.

DANS UN CONTEXTE STRICTEMENT CAUSAL ET RELATIF LA GESTION DE LA QUALIFICATION EST CLÉ					
pp	*p*	*mp*	*mf*	*f*	*ff*

Chaque ressource de connaissance est en relation avec d'autres, avec des rôles, engagements, droits, responsabilités, etc.

Naturellement, connaissance et intelligence humaines sont essentiellement intuitives et subconscientes.

Développer des systèmes intelligents, traitant les flux internes et externes de ressources de connaissance, exige des concepteurs, la compréhension technique détaillée de l'opération des phénomènes naturels impliqués, dont ceux de la connaissance et de l'intelligence.

Pour ceux pour qui la compréhension de l'opération de ces phénomènes ne serait pas requise, cette compréhension reste avantageuse et pertinente, pour le savoir, pour la vie, et pour évoluer l'éducation, par exemple.

	SEPT NIVEAUX DE PENSÉE, D'APPRENTISSAGE ET D'INTELLIGENCE PAR RICHARD FEYNMAN https://www.facebook.com/reel/26014409878247973	1. Mémorisation 2. Compréhension 3. Application 4. Corrélation 5. Jugement 6. Création 7. Métacognition

9.2.1 Nature offre quelques exemples d'intelligence dans la nature, comme :

	ARAIGNÉE DE LA BBC https://www.youtube.com/watch?v=nlRkwuAcUd4

4.5.1 Penser

Penser c'est exercer l'intelligence, soit traiter et évoluer la connaissance.

Au sens large, penser c'est traiter la connaissance. Plus communément peut-être, et plus spécifiquement le verbe « penser » désigne souvent surtout certains traitements associés la partie plus consciente de l'esprit. Sauf lorsque indiqué autrement, le terme est utilisé ici plutôt au sens large.

La *section 4.5.3 Subconscient*, plus bas, considère également l'activité intense de la pensée durant le sommeil, comme en témoignent les rêves, par exemple.

Au sens commun, la pensée est une conscience d'aspects de l'opération de processus métaboliques du traiteur, c'est à dire des processus d'arrière-plan (sens large), qui, en continu, valident, corrèlent, raffinent, développent et évoluent le bagage de connaissance du traiteur, humain ou système.

4.5.2 Esprit

L'esprit désigne l'ensemble des processus et connaissance d'un traiteur (humain ou système). L'esprit est l'énergie qui anime chaque traiteur dans son évolution, à travers les processus d'optimisation de son métabolisme, le traitement des flux sensoriels et moteurs, son code d'éthique et échelle de valeurs, ainsi que l'efficacité de la contribution à l'évolution.

L'esprit est relatif et ne connaît l'absolu ou l'infini que comme ce qui ne serait pas relatif, soit une définition tout à fait relative. Fruit et outil d'évolution, l'esprit y contribue aux limites de ses capacités héritées et acquises, participant au sens de l'existence. *Section 4.3.4 Sens*.

Avec son autonomie relative, l'esprit a également avantage à bien comprendre les puissants indicateurs naturels comme les axes Bonheur/Malheur ou Évolution/Entropie, par exemple. Friand de connaissance, d'intelligence, de structure et de beauté l'esprit se nourrit d'évolution. Les traiteurs de connaissance lui fournissent l'interface avec le monde extérieur.

On divise assez naturellement l'opération de l'esprit humain en grands blocs fonctionnels comme : le conscient, le subconscient, les réflexes, la volonté, l'Ego, le sensoriel, le moteur et autres. Voir plus bas. Naturellement subconscient, l'esprit comprend aussi son opération consciente. Conscience et subconscience sont des applications de méta-cognition.

L'ESPRIT

PAR RICHARD FEYNMAN

https://www.facebook.com/reel/1897944314145178

4.5.3 Subconscient

L'opération de l'esprit est essentiellement subconsciente. Même l'opération du conscient est surtout subconsciente. Principal bloc opérationnel de l'esprit, le subconscient désigne l'ensemble des processus subconscients de l'esprit.

Le terme « subconscient » désigne les opérations qui sont normalement inconscientes, mais qui peuvent être partiellement ou temporairement conscientisées, selon un ensemble de facteurs. Typiquement, lorsque l'esprit conscient présente une demande claire au subconscient, celui-ci fournit un accès aux flux requis, pour la période requise. La conscience est dispendieuse.

Plusieurs processus, comme l'apprentissage, les réflexes, ou habitudes, combinent l'action, à la fois du conscient et du subconscient. La congruence et la synergie entre tous les processus de l'esprit sont déterminantes pour l'efficacité et l'intelligence des traiteurs.

Le conscient, considéré plus bas, est en fait un outil, une extension, du subconscient, un ensemble de processus surtout subconscients qui servent surtout à coordonner l'interaction avec le monde extérieur et dont un principal objectif consiste à filtrer, adapter et préparer pour inférer, intégrer ou projeter.

Pour la plupart des espèces, par exemple, le subconscient met régulièrement le conscient en sommeil. L'inverse semble typiquement beaucoup plus définitif.

Responsable du maintien des fonctions vitales, le subconscient opère en permanence, traitant la connaissance de son bagage (métabolisme) et celle de son expérience en interaction avec le monde extérieur.

En plus de partager la connaissance à travers des flux sensoriels et moteurs, chaque traiteur évolue son bagage de connaissance, à travers l'expérience en interaction avec le monde extérieur et l'ensemble de processus parallèles métaboliques qui intègrent et optimisent son bagage.

En éveil, le conscient sollicite abondamment le subconscient, occupant ainsi une part de la bande passante disponible et retardant d'autres processus.

C'est pourquoi, régulièrement, pour environ le tiers de chaque journée, chez les humains, par exemple, le subconscient induit le sommeil du conscient, ce qui lui permet alors de se consacrer plus en profondeur, aux autres traitements requis, pour le métabolisme de connaissance du traiteur.

LES GENS SONT PRÊTS À TOUT, MÊME À L'ABSURDE,
POUR ÉVITER D'ÊTRE CONFRONTÉS À LEUR PROPRE SUBCONSCIENT

CARL GUSTAV JUNG

Il n'est pas surprenant qu'aux premiers instants de son éveil, le conscient puisse occasionnellement apercevoir brièvement l'activité encore fébrile du subconscient. Le conscient y reconnaissant peu de choses, illustre, modélise et interprète ce qu'il a cru comprendre dans ce qui apparaît alors comme un rêve.

TANT QUE VOUS NE RENDEZ L'INCONSCIENT CONSCIENT
IL CONTRÔLE VOTRE VIE ET VOUS L'APPELEZ DESTIN

CARL GUSTAV JUNG

4.5.4 Conscient

L'esprit conscient constitue une couche d'intégration responsable de suivre et coordonner l'interaction entre l'esprit et le monde extérieur, dont souvent, la première couche est le corps/système même du traiteur.

Selon des priorisations subconscientes, le conscient peut suivre des processus autrement subconscients, tant ceux du métabolisme qui contribuent au contexte opérationnel, qu'à ceux du traitement des flux sensitifs et moteurs.

Comme représentant de l'esprit face au monde extérieur, bien connecté au subconscient et à ses grands processus d'intégration, comme le Soi ou l'Ego, le conscient articule le « Je » de chaque traiteur et présente une vision intégrée, lui permettant d'interagir comme entité dans l'ensemble.

La position stratégique du conscient en fait un contributeur important dans l'analyse et le découpage de problèmes, ainsi que dans l'apprentissage et le développement de réflexes et habitudes.

Filtre principal des flux externes (interaction) pour le subconscient, d'une part le conscient infère des ressources de connaissance, à partir des flux sensoriels et d'autre part projette des ressources de connaissance à travers les flux moteurs pour expression et comportement.

Le conscient convertit, qualifie, traite et prépare rapidement l'important volume de données des flux externes, pour les communiquer au/du subconscient, métabolisme et bagage de connaissance.

Responsable de l'intégration et du traitement en profondeur, le subconscient ne traite et ne connaît que les ressources de connaissance.

Conscience
par Richard Feynman

https://www.facebook.com/reel/2029425094270557

4.5.5 Congruence

Chaque jour, chaque activité peut combiner des fonctions conscientes et subconscientes.

Ces activités comme sentir, percevoir, se mouvoir, ou communiquer, combinent typiquement plusieurs fonctions qui doivent opérer ensemble de la façon la plus harmonieuse et congruente possible pour assurer les meilleurs résultats.

Chaque ressource assure sa congruence et la synergie entre ses composantes. Comme toute ressource, l'esprit maintient sa congruence et contribue à la synergie de ses composantes. Tout doit également être conçu pour s'adapter aux contextes évolutifs.

La congruence est un équilibre visé, nécessaire, jamais parfaitement atteint, mais prioritaire et indispensable. Sans congruence, les composantes opèrent l'une contre l'autre. La congruence du traiteur relève aussi de processus métaboliques. La congruence s'applique à l'ensemble des ressources impliquées.

Une part de la congruence relève de l'orchestration des ressources en fonction des contextes, ressources, usages, droits, etc., et surtout des relations qualifiées qui définissent les comportements, entre autre.

L'orchestration repose sur l'articulation claire des opérations, déclencheurs, filtres, conditions, objectifs, modes d'opération requis.

Il semble intéressant de considérer la collaboration entre le conscient et le subconscient, à travers les deux cas d'usage suivant :

SYNERGIE

LE NOMBRE TOTAL D'ESPRITS DANS L'UNIVERS EST UN.
LA CONSCIENCE EST UNE SINGULARITÉ
QUI SE MANIFESTE À L'INTÉRIEUR DE TOUS LES ÊTRES

INTERNET

4.5.5.1 Résolution

Pour résoudre un problème « complexe », chaque traiteur de connaissance, permet à son esprit « conscient » d'analyser, décomposer et comprendre les paramètres, causes et aspects du problème, avant d'aller dormir, pour laisser le subconscient et ses processus métaboliques s'exécuter de façon optimale.

La conscientisation de la structure des aspects et des détails du problème et de ses sous problèmes, fournit la demande, le contexte et les paramètres optimaux pour en favoriser la résolution par le métabolisme subconscient.

Si, au réveil, la solution n'apparaît pas encore clairement, c'est que la prise de conscience reste incomplète et que le subconscient n'a pas disposé de tous les éléments. Un nouveau cycle est requis.

Le subconscient est le meilleur résolveur de problématiques complexes, alors que le conscient fournit la meilleure interface au monde extérieur.

4.5.5.2 Réveil-matin

En manque de sommeil important, avec peu de temps de repos disponibles devant soi, sans réveil-matin pour aider à ne pas manquer une rencontre cruciale, il suffit de bien conscientiser, à trois reprises bien senties, l'importance de se réveiller coûte que coûte à l'heure requise.

La conscience et l'intention claires, répétées, laisse le temps au subconscient de bien comprendre, avant de mettre le conscient en sommeil profond (REM).

Le subconscient veille et réveille le conscient, sans faute, avec quelques minutes d'avance tout au plus, pour mieux permettre au brouillard matinal de se dissiper quelque peu.

4.5.6 RÉFLEXES

En majorité, les comportements, conscients ou subconscients, sont répétés : pouls, marche, métabolisme, travail, habitudes, expression, etc.

Pour le propos ici, le terme « réflexe » inclut les réflexes innés, acquis, ou conditionnés, les habitudes et les automatismes.

Chaque réflexe a ses particularité et son niveau d'incrustation, en fonction de ses répétitions, de son usage. Les principes restent communs.

Le réflexe et l'habitude héritent de la répétition, elle-même héritière d'un phénomène naturel fondamental, essentiel au traitement de connaissance, au développement de l'intelligence, ainsi qu'à l'existence : l'ondulation.

Fruits et outils d'évolution, les fonctions naturelles de gestion de réflexes servent à définir, gérer, soutenir, favoriser, évaluer, mettre à jour et utiliser les processus répétés. Globalement, on y réfère comme : la fonction (ou zone) réflexe de l'esprit.

Le concept du réflexe conditionné permet au conscient de programmer des automatismes au subconscient et d'associer l'exécution à des déclencheurs, filtres, conditions et paramètres.

L'objectif principal étant de libérer le conscient de la gestion du détail de l'exécution de la séquence, pour lui permettre alors de mieux gérer d'autres aspects de l'interface avec le monde extérieur, pendant ce temps. Le conscient peut quand même intervenir au besoin.

Automatismes programmables, les réflexes constituent le second plus important facteur de productivité, après la collaboration. La gestion des réflexes constitue donc une composante stratégique de l'intelligence.

Les réflexes hérités proviennent d'un noyau de base transmis au départ, dont le bagage génétique, par exemple. De nombreux réflexes sont acquis ou développés au cours de l'expérience et cycle de vie du traiteur.

Voir aussi la *section 6.2.3.3 Métabolisme*.

Apprendre, développer, ou le conditionner d'un nouveau réflexe suit un certain patron qui requiert l'intention et l'intervention du conscient pour adapter à chaque contexte spécifique.

En principe, pour développer un nouveau réflexe, le conscient doit :

ÉTAPE	TÂCHE
PLAN	1. établir un plan précis de la séquence à mémoriser
STRATÉGIE	2. déterminer les stratégies d'apprentissage appropriées
CONSCIENCE	3. prendre conscience profonde de chaque élément ou aspect
DISCIPLINE	4. assurer la pratique lente et articulée de chaque étape
RÉPÉTITION	5. répéter la pratique jusqu'à l'automatisation
QUALITÉ	6. assurer un contrôle qualité continu, à tous les niveaux

La pratique intègre les réflexes, les rendant subconscients et intuitifs. Pour ce faire, le subconscient requiert la connaissance de tous les étapes, détails et nuances de la structure du réflexe, pour les enregistrer, modéliser et corréler optimalement. Il requiert, en particulier, des intervalles de « sommeil » pour en métaboliser à plein régime tous les éléments.

L'exécution de réflexes est initiée par des déclencheurs associés. Un déclencheur peut être associé à plus d'un réflexe, un réflexe peut avoir plusieurs déclencheurs et un réflexe peut déclencher d'autres réflexes.

Automatisée, la séquence comportementale devient réflexe et peut, comme la marche par exemple, s'exécuter pratiquement sans intervention du conscient.

Le traiteur doit gérer le cycle de vie de ses réflexes acquis : définition, conditionnement, activation, interruption, modification, évolution, retrait.

Efficaces et utiles, les réflexes contribuent à accroître la productivité, au prix de l'investissement initial en apprentissage et coordination.

Typiquement, pour un humain déterminé, 21 jours de pratique quotidienne (fréquence, durée, structure, intensité), avec le sommeil requis, peut permettre au subconscient de réaliser sa part de l'enregistrement du réflexe, pour que celui-ci commence à devenir subconscient, ou « naturel ».

Les métiers des musiciens, artisans, travailleurs d'usine et autres, se fondent sur le développement et l'utilisation systématique de réflexes.

Modifier un réflexe acquis implique que le conscient doit lutter contre l'incrustation dans le subconscient, de l'automatisme déjà acquis, qui revient « naturellement » jusqu'à ce que la nouvelle version ait été répétée plus de fois que la précédente.

4.5.7 Discipline

Pont entre l'objectif et sa réalisation, indispensable aux gestion et conditionnement de réflexes, ainsi qu'à la plus part des opérations, la discipline permet la liberté effective, en donnant les moyens, méthodes et outils requis pour réaliser le choix pleinement.

4.5.8 Sentiment

Les sentiments sont les messages du subconscient et du corps (via le subconscient), vers l'esprit conscient.

LES SENTIMENTS SONT DES SYSTÈMES D'AJUSTEMENT DE TRAJECTOIRE SI POSITIF, ÇA VA ET SI NÉGATIF, IL FAUT Y VOIR

DR JORDAN B. PETERSON

4.5.9 Intuition

L'intuition signale au conscient, la disponibilité d'une réponse du subconscient, à une interrogation du conscient.

L'INTUITION EST L'OREILLE DE L'ÂME

Pour formuler cette réponse le subconscient du traiteur analyse, qualifie et corrèle en profondeur, son bagage de connaissance, hérité et acquis.

EXPÉRIENCE ET CONGRUENCE FAVORISENT PERTINENCE ET PRÉCISION INTUITIVES

Dans un univers strictement causal et relatif où le doute est la clé du savoir, en congruence et symbiose avec l'ensemble des composantes de l'esprit et du bagage de connaissance du traiteur, l'intuition reste la référence la plus fiable pour le traiteur, car elle résulte de :

- Profondeur et raffinement des connaissances et processus
- Accès à tout le bagage de connaissance et ses relations qualifiées
- L'historique de l'expérience, aussi inscrite à son bagage de connaissance

4.5.10 Liberté

La liberté est la discipline requise pour assurer la réalisation des choix.

- **Liberté potentielle** : ensemble des options possibles. Chaque choix sélectionne une option.
- **Liberté effective** : réalisation et exercice d'un choix. Discipline de prendre tous les moyens requis pour assurer la réussite du choix, dont repousser les autres options.
- **Limite de liberté** : la liberté n'est restreinte que par le respect des autres et de leurs liberté, vie, écosystème et évolution

4.5.11 Science

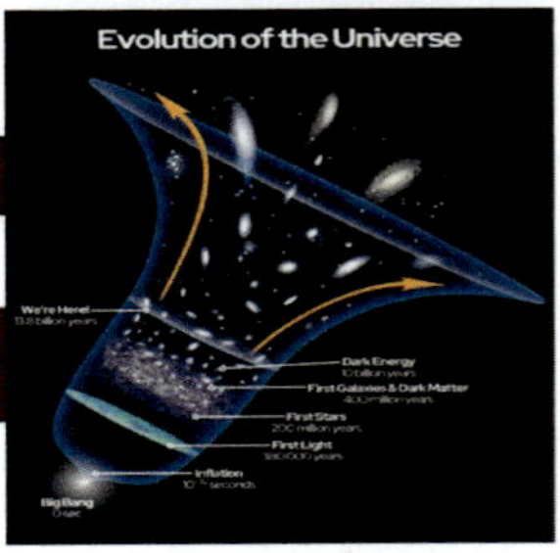

L'ART DU DOUTE

**LA SCIENCE AVANCE
UNE FUNÉRAILLE À LA FOIS**
MAX PLANCK

Le doute est la clé du savoir car il guide la démarche scientifique, soit l'approche la plus efficace pour évoluer connaissance et compréhension.

La principale caractéristique de la démarche scientifique est qu'elle boucle, sans fin, sur les principes du doute, de l'observation, de l'analyse, de l'évaluation, de l'hypothèse et de la remise en question. Non seulement la démarche part du doute, mais le doute en guide chaque étape.

Le doute n'est jamais complètement résolu mais les probabilités varient et s'ajustent au fil des étapes et des évaluations.

D'autres principes de résolution de problème s'intègrent à la démarche, dont :

- **Causalité** : trouver, comprendre et résoudre les causes profondes
- **Division** : décomposer les problèmes pour en résoudre les sous-problèmes

Voir aussi *section 4.4.3 Problème*, ainsi que :

SCIENCE : ART DU DOUTE
PAR RICHARD FEYNMAN

https://www.facebook.com/reel/2578190867149439 3

5 COLLABORATION

La collaboration, moteur de solidarité et d'évolution, activité principale des traiteurs, se définit par l'entente tacite ou explicite entre les collaborateurs, qui souhaitent accroître productivité et solidarité, dans le cours de leur contribution à l'évolution. L'entente définit des échanges, partages, partenariats, réalisations et répartitions visés par la collaboration.

LA COMPÉTITION EST LA LOI DE LA JUNGLE
LA COLLABORATION EST LA LOI DE LA CIVILISATION
PETER KROPOTKIN

La contribution de chaque traiteur passe, à répétition, à travers son canal de traitement avec ses trois principales chaînes de traitement de connaissance :

ACQUISITION	MÉTABOLISME	EXPRESSION
Collecte, transforme les flux sensoriels (entrant)	Évolue le bagage de connaissance (interne)	Projette à travers les flux moteurs (sortant)

La réussite de la collaboration est typiquement proportionnelle à l'affinité des objectifs, motivations et stratégies des collaborateurs.

Premières sources de motivation à la collaboration, les gains de productivité et de solidarité servent l'atteinte d'objectifs communs et complémentaires.

LA SEULE COMPÉTITION VALABLE, EST CELLE AVEC SOI-MÊME
ALBERT JACQUARD

La croissance de productivité et la prospérité mutuelle qui en résultent génèrent la solidarité, la force unificatrice, fondement de la confiance et de l'équilibre entre collaborateurs, ainsi que ciment de leurs communautés.

COLLABORATION => PRINCIPAL FACTEUR ET SOURCE DE :			
PRODUCTIVITÉ	PROSPÉRITÉ	SOLIDARITÉ	ÉVOLUTION

Voir aussi la *section 9.3.3 Collaboration*.

Raffinant connaissance et intelligence, naturellement, les sociétés s'organisent autour de la collaboration et de la solidarité à travers des structures comme : famille, équipe, communauté, entreprise, réseau, nation, etc, collaborant dans tous les domaines.

Source principale de solidarité, de productivité, ainsi qu'accélérateur de connaissance et d'intelligence, la collaboration est l'expérience partagée.

La hiérarchie naturelle des processus distingue les couches logiques de traitement entre connaissance et information, ainsi que leur imbrication :

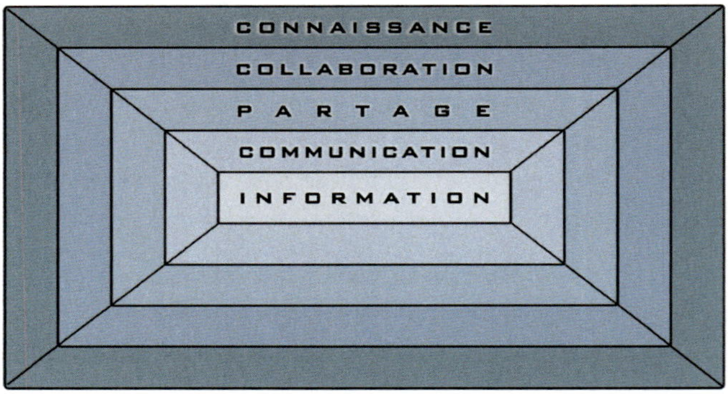

INFORMATION	*OUTIL DE*	**COMMUNICATION**
COMMUNICATION	*OUTIL DE*	**PARTAGE**
PARTAGE	*OUTIL DE*	**COLLABORATION**
COLLABORATION	*OUTIL DE*	**CONNAISSANCE**

Pour convertir entre connaissance et information, chaque transmission unidirectionnelle requiert deux processus sophistiqués, subjectifs et inverses l'un de l'autre, l'un à l'émission et l'autre à la réception.

Considérés plus spécifiquement à la *section 5.4.2 Conversion*, ces procédés restent subjectifs et relatifs au bagage de connaissance de chaque traiteur :

- **Projection**
  En fonction de son bagage de connaissance, d'un point de vue sur une section d'un modèle, un émetteur projette des aspects d'un modèle de connaissance, à travers une perspective déterminant comment produire la vue requise et la codifier dans un artefact informationnel, ou document
- **Inférence**
  Des récepteurs (traiteurs) décodent et interprètent l'artefact informationnel pour en inférer des ressources de connaissance à métaboliser dans leur bagage de connaissance respectif.

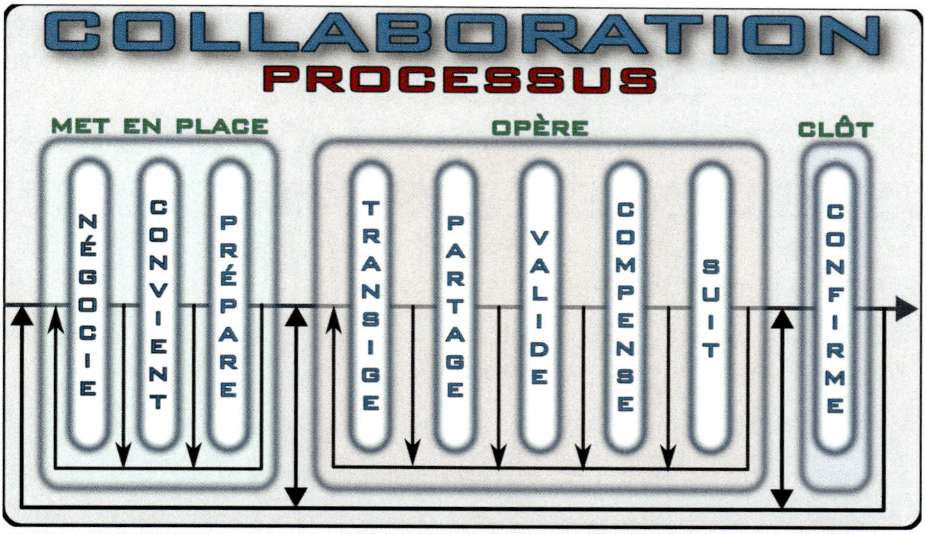

5.1 Opération

La collaboration regroupe typiquement plusieurs étapes résumées ici dans le diagramme, sous trois grandes phases : mise en place, opération, clôture.

Chaque étape et phase peut être répétée. Une collaboration pourrait, par exemple, être mise en place et close une fois, tout en incluant plusieurs partages et échanges (opérations).

- **Mise en place**
  - **Négociation** : Négocier les conditions de la collaboration
  - **Convention** : Convenir de la collaboration dans une entente
  - **Préparation** : Préparer la réalisation de la collaboration
- **Opération**
  - **Transaction** : Effectuer les transactions requises
  - **Partage** : Réaliser le(s) partage(s)
  - **Validation** : Valider la conformité de part et d'autre
  - **Compensation** : Assurer la répartition appropriée des compensations
  - **Suivi** : Assurer la qualité le suivi du partage
- **Clôture**
  - **Confirmation** : Ajuster et confirmer la complétion de la collaboration

5.2 Prérequis

Réussir la collaboration impose certains prérequis dont on considère ici quelques grandes fonctions structurantes ou stratégiques de l'intelligence, comme le jugement et la compatibilité des bagages de connaissance.

5.2.1 Compatibilité

Les traiteurs sont tous différents car chacun a ses propres héritage, expérience et bagage de connaissance.

Pour chaque traiteur, son bagage de connaissance représente sa grille d'analyse, de synthèse et de compréhension.

La collaboration, principale activité, se planifie, se définit, s'organise.

La compatibilité des intentions et bagages de connaissance est déterminante. C'est cette compatibilité qui permet aux amis d'arriver à bien se comprendre, en peu de mots, par exemple. Cette compatibilité repose principalement sur une combinaison de similitude et de complémentarité :

	• La **similitude** des intentions et des bagages de connaissance assure une base de référence commune, qui favorise la compréhension commune indispensable au succès de la collaboration. Premier facteur indispensable de la compatibilité, la similitude, à elle seule ne suffit pas.
	• Aussi indispensable à la compatibilité, la **complémentarité** des intentions et des bagages de connaissance fournit des fondements pour la collaboration, le travail collaboratif, ainsi que la motivation et solidarité associées.

La compatibilité et le succès des collaborations, reposent en bonne partie sur l'abondance et l'équilibre entre similitude et complémentarité.

En augmentant le nombre de traiteurs, les principes de gestion de compatibilité prennent plus d'importance.

Pour les humains et les systèmes intelligents, parmi les principaux facteurs qui favorisent la compatibilité de collaboration, on compte l'hérédité, l'éducation, l'apprentissage et l'expérience.

5.2.2 JUGEMENT

Essentiel à l'évolution, le jugement est *l'art de faire les bons choix*. Le jugement est un fondement de l'intelligence indispensable à la collaboration.

Opérant à tous les niveaux, plusieurs processus fondamentaux soutiennent le jugement, dont deux particulièrement importants, la tolérance et la priorisation, brièvement considérés ci-dessous.

Différents l'un de l'autre dans leur application ces processus du jugement visent à nuancer (qualifier) les évaluations, les choix et les actions, à partir de points de vue complémentaires, à travers l'analyse, le traitement et la corrélation, des réseaux de ressources du bagage de connaissance du traiteur, via les relations qualifiées qui les structurent.

5.2.2.1 TOLÉRANCE

Même avec des bagages de connaissance semblables et compatibles l'intelligence doit appliquer la tolérance appropriée, particulièrement face aux processus d'inférence et de modélisation, fortement guidés par des bagages de connaissance différents et tous imparfaits.

La clé n'est pas sur la table, mais on suppose qu'elle pourrait être autour peut-être, ou dans une pièce voisine. L'ami parlait d'une clé sur la table, mais, plutôt, il y en a plusieurs accrochées au mur de la cuisine.

Dans ce cas, c'est la tolérance à l'imprécision de l'information, face au double processus de modélisation et d'inférence.

Heureusement, la conscience des bagages de connaissance a permis, par exemple, de penser que le voisin avait peut-être oublié qu'il avait mis la clé sur le crochet, ou c'est possiblement sa partenaire qui l'avait fait, par exemple. De toute façon, la tolérance était appropriée et nécessaire.

5.2.2.2 PRIORISATION

Comme pour la tolérance, la priorisation est un processus de pondération sophistiqué, stratégique, global, fondé sur la gestion de relations qualifiées. L'objectif est différent. L'évaluation y sert à qualifier selon des critères, plutôt qu'à gérer l'imprécision.

Qualifiant tous les processus, intuitive et naturelle, la priorisation se manifeste partout dans nos vies. Les détails de souvenirs qui s'estompent témoignent de leur priorisation décroissante. Mais, même s'ils s'estompent, ils peuvent être rappelés, volontairement ou sous hypnose. Leur priorité évolue.

5.3 Partage

Le partage est une étape d'une entente de collaboration, explicite ou implicite, où le propriétaire d'une ressource (émetteur) souhaite en partager l'accès avec des utilisateurs potentiels (récepteurs) souhaitant cet accès, en échange d'une compensation.

Les types de collaborations de ressources partagées varient et viser des idées, messages, documents, biens et services, physiques ou virtuels.

Propriétaires et usagers conviennent des conditions et compensations associées au partage.

Le don reste un cas de partage extrême, alors que l'entente, souvent tacite, ne prévoit typiquement ni condition, ni compensation. Pour les autres types de partage, on doit considérer les conditions, contraintes, compensations et suivis, dont :

- Classification du contenu
- Contexte, objectifs, stratégies, calendriers du partage
- Parties impliquées avec contraintes et bagages respectifs
- Modes et moyens de communication et d'échange
- Utilisation du contenu
- Modalités et conditions
- Suivi du contenu, de l'usage et du partage
- Chiffrement et gestion de clés de chiffrement
- Sécurité d'accès, intégrité, confidentialité
- Termes, processus de compensation, ex :
  - Facturation à l'usage
  - Micropaiements

Aujourd'hui, hors le don, le partage est mal supporté, Internet n'est que partiellement sécuritaire, alors qu'autrement, encore moins.

Sans traitement de connaissance, relations qualifiées et intelligence requises, le traitement d'information ne peux soutenir gouvernance et classification dynamiques, indispensables à la sécurité du partage.

Traiter la connaissance et les relations qualifiées est critique pour la sécurité et le support du partage, de la compensation, du suivi et de la conformité.

Voir aussi *section 5.5 Sécurité*.

5.3.1 PROCESSUS

Le processus d'une collaboration peut comprendre plusieurs partages, selon les termes de l'entente associée. Chacun de ces partages constitue lui-même un processus qui comprend différentes étapes, typiquement :

PARTAGE DE RESSOURCE DE CONNAISSANCE

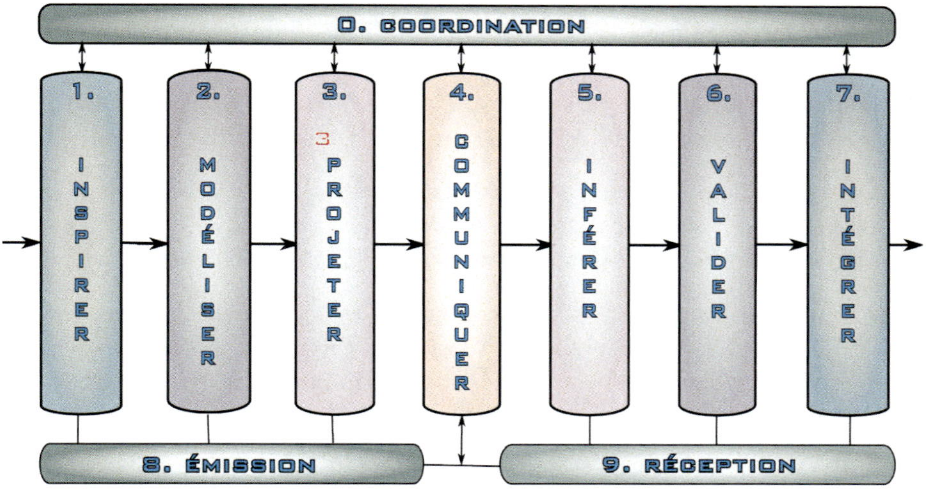

0. **Coordination** : Entente, contribution, journaux, notification, synchronisation
1. **Inspirer** : Articuler les intentions, cibles, objectifs, rôles, plans et stratégies, en fonction du bagage de connaissance de l'émetteur.
2. **Modéliser** : Construire, valider, approuver le modèle en fonction du #1
3. **Projeter** : D'un point de vue et de son bagage de connaissance, l'émetteur projette des aspects du modèle, dans la perspective de l'artefact requis
4. **Communiquer** : Encoder, chiffrer, transférer, déchiffrer, décoder et confirmer le transfert sécuritaire de l'artefact
5. **Inférer** : En fonction de son propre bagage de connaissance, le récepteur infère des ressources de connaissance, à partir d'artefacts reçus
6. **Valider** : Les parties valident et confirment que les ressources inférées et à intégrer au bagage du récepteur correspondent aux ressources projetées par l'émetteur, la conformité et la complétude du partage
7. **Intégrer** : Le récepteur intègre les nouvelles ressources validées à son bagage et le partage perçoit et répartit la compensation
8. **Émission** : Regroupe et intègre les étapes de l'émission
9. **Réception** : Regroupe et intègre les étapes de la réception

L'envergure de chaque étape dépend des contextes spécifiques, mais la réussite du processus de partage dépend de la réussite de toutes et chacune des étapes. L'échec d'une étape mène typiquement à l'échec du partage.

Le diagramme ci-haut résume une phase de partage de ressource de connaissance, dans le contexte d'une collaboration entre un émetteur (#8) et un récepteur (#9). Encadrés par l'entente implicite ou explicite de collaboration, les parties assurent la coordination (#0) de chaque phase unidirectionnelle de partage, dont les grandes étapes sont indiquées ## 1-7.

Relevant de l'émetteur et de son bagage de connaissance, les étapes ## 1, 2, 3 visent à produire un artefact informationnel à transmettre.

Pivot de la phase, l'étape #4 est responsable de la sécurité et de la transmission de l'artefact entre les parties et constitue une instance de communication unidirectionnelle. Voir aussi la *section 5.4 Communication*.

Relevant du récepteur et de son propre bagage de connaissance, les étapes ## 5, 6, 7 visent, à partir de l'artefact reçu, à inférer, valider et intégrer les ressources de connaissance correspondant à celles partagées par l'émetteur.

Chaque côté du pivot (#4), la projection (#3) à l'émission et l'inférence (#5) à la réception, sont des étapes sophistiquées et subjectives, relatives aux bagages de connaissance respectifs, et donc particulièrement délicates et stratégiques.

Comme l'émetteur et le récepteur ne sont pas limités aux individus et peuvent chacun inclure plusieurs traiteurs, chacun avec son propre bagage de connaissance, cette multi-subjectivité exige compréhension et coordination (#0) pour pouvoir mieux en structurer et gérer la complexité et la cohérence.

Comme noté plus-haut, la complexité effective de chaque étape et de l'ensemble du processus dépend de chaque contexte spécifique, mais reste rarement triviale et peut facilement être sous-estimée.

La *section 5.4 Communication* considère, par exemple, le relais (#4) entre l'émission et la réception, ainsi que certaines implications des différences entre connaissance et information.

La gestion effective et systématique des relations qualifiées devient rapidement indispensable pour gérer, combiner, corréler, intégrer et sécuriser les projections, inférences, conventions, codages, traductions et chiffrements, dans un contexte de bagages de connaissance, métabolismes, intentions, attention et autres, complexes, diversifiés et hybrides (humain-système).

5.3.2 VALORISATION[XII]

Les marchés et l'économie sont soutenus par un ensemble de mesures, technologies, normes, lois, contrôles et autres, qui visent à assurer la valorisation équitable des ressources partagées.

Alors que la *section 7.2.4.2 Transition* considère des corrélations entre la valeur d'usage d'une ressource et sa valeur marchande ou commerciale, la présente section considère plutôt la seconde, fondement d'une économie transactionnelle et de partage compensé.

À l'épicerie, les produits sont étalés et libres d'accès. Pourtant, chacun paie ce qu'il prend conformément à l'entente sociale qui prévoit des mesures sécuritaires de valorisation, incluant les caisses à traverser pour sortir, les gardes, les portes, les barrières, les bureaux vitrés, les gérants, les services policiers, les lois, les avocats, les prisons, les assurances, les caméras, les téléphones et l'éducation, sans compter l'humiliation et les coûts potentiels d'infraction. Ces mesures assurent la valorisation des ressources partagées.

Développer une économie du savoir effective, prospère et durable requiert aussi la valorisation et la sécurité des ressources de connaissance partagées. De nombreux facteurs affectent la valeur des ressources partagées, mais la sécurité du partage constitue un prérequis indispensable. Essentiellement, sans sécurité adéquate, la valeur transactionnelle reste nulle.

Comme pour le partage de ressources physiques, le partage de ressources de connaissance dépend de son infrastructure transactionnelle et commerciale. La plateforme de collaboration qui soutien ce partage constitue un élément stratégique dans la responsabilité d'assurer la valorisation durable.

La *section 5.5 Sécurité* considère plus spécifiquement certains de ces aspects et de technologies associées. La problématique n'est pas triviale et les plateformes intelligentes de partage et de collaboration doivent à tout le moins intégrer la gestion systématique des relations relations qualifiées, de la gouvernance et de la classification dynamique, en plus des technologies de suivi, chiffrement, et stéganographie modernes.

La création et la propriété de ressources de connaissance sont des propriétés spécifiquement humaines auxquelles les systèmes intelligents peuvent apporter un soutien déterminant pour l'économie du savoir.

5.4 Communication

La communication est l'art et la science du partage d'information. Essentielle à la collaboration et au partage, à première vue son opération semble simple, mais en pratique, c'est l'activité commune la plus sophistiquée et la plus fragile.

En principe, l'information sert à représenter et encoder des vues sur des ressources de connaissances pour les partager. Strictement parlant, la communication sert à transférer ces vues entre émetteurs et récepteurs.

Plus largement, la communication comprend aussi les conversions et codages entre modèles de ressources de connaissance et vues informationnelles, tout en assurant l'intégrité des contenus et de leur échange.

Introduite, à la *section 5.3.1 Processus*, comme pivot du processus de partage, la communication présente une complexité qui mérite attention, surtout qu'elle contribue à matérialiser et dématérialiser des ressources de connaissances plus abstraites, en artefacts informationnels concrets.

Les humains apprennent à communiquer naturellement, intuitivement, mais pour mieux développer des systèmes effectivement intelligents, il semble crucial de bien en comprendre aspects et enjeux.

Alors que la *section 6 Artificiel* considère la représentation de ressources de connaissance pour leur partage, la présente section considère d'abord le procédé fondamental de la modélisation, avec les conversions associées de projection et d'inférence, entre vues informationnelles et modèles de ressources de connaissance, ainsi que l'assurance de l'intégrité des contenus.

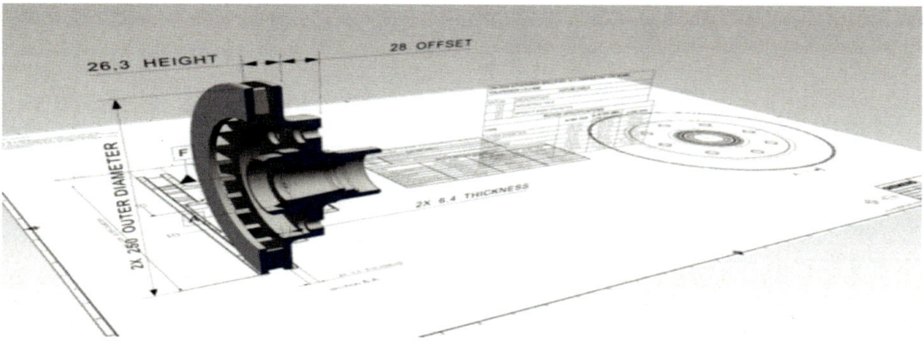

5.4.1 MODÉLISER

La modélisation représente les ressources de connaissance, conceptuellement, afin d'en permettre le traitement et le partage. En partage, les modèles sont importés par inférence et exportés par projection.

Le modèle constitue la première concrétisation d'une ressource de connaissance, crée au sein même du bagage de connaissance du traiteur.

Le conducteur automobile, par exemple, un traiteur de connaissance, conduit le modèle mental du véhicule. C'est à partir de cette représentation qu'il décide des muscles à invoquer car son esprit n'a pas accès direct au véhicule physique. Il conduit le modèle mental du véhicule par des flux sensoriels et moteurs, dans son modèle de la réalité extérieure courante.

	MODÈLE DE LA RÉALITÉ **PAR RICHARD FEYNMAN** https://www.facebook.com/reel/1163747052339762

Outil indispensable du traitement de connaissance, la modélisation permet de représenter, structurer, naviguer, gérer, ainsi que projeter les modèles en vues et artefacts, requis pour communiquer, partager et collaborer.

Pour communiquer, l'émetteur construit son modèle et en projette des aspects, de divers points de vue, à travers des perspectives adaptées, vers des vues informationnelles, dans des artefacts partageables. Le récepteur décode et interprète les artefacts pour en inférer les ressources de connaissance correspondantes, à la lueur de son propre bagage. De plus, un modèle :

- incarne, articule et documente la conscience de structure de réalité
- instancie[xiii] les ressources de connaissance à traiter et partager
- est déterminant pour la gestion et l'évolution de la connaissance
- constitue le fondement de la communication

5.4.2 Conversion

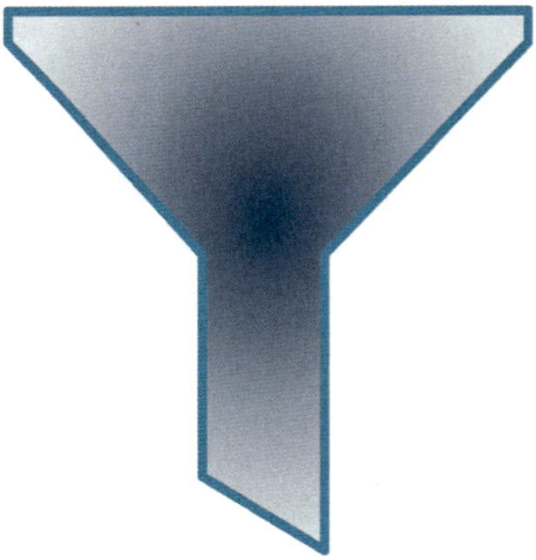

Les traiteurs de connaissance traitent et modélisent des ressources de connaissance. L'approche la plus systématique pour partager ces modèles et ressources, la communication, requière la matérialisation de ces ressources de connaissance en artefacts informationnels.

Ces artefacts peuvent prendre une multitude de formes, et potentiellement être adaptés à tous les types de média.

Quelle que soit la forme, ou le médium, les modèles de connaissance doivent être convertis en information, c'est-à-dire en séquences de symboles structurés par des grammaires et conventions. Sons, textes, illustrations ou autres, ces artefacts peuvent ensuite être partagés et conservés.

La nature et la structure de la connaissance et de l'information étant très différentes, les traiteurs de connaissance doivent ainsi convertir, en importation et en exportation, des aspects de leurs modèles, à travers les deux procédés sophistiqués que sont la projection (export) et l'inférence (import) :

- **Projection** : Permet à l'émetteur d'exporter, de son bagage, des aspects de modèle de ressources de connaissance, en artefacts informationnels
- **Inférence** : Permet au récepteur d'importer dans son bagage, des ressources de connaissance, à partir d'artefacts informationnels

Les trois grande phase de la communication sont :

Projection – Transmission – Inférence

Ces conversions subjectives, directement relatives au bagage de connaissance spécifique de chaque émetteur et récepteur impliqué, occupent une part importante du processus de communication.

Ces conversions sont intégrées directement aux interfaces de traitement des flux sensoriels et moteurs de chaque traiteur.

Subjectives et complexes, elles représentent une importante source d'erreurs affectant communication, partage et collaboration. Leur intégrité requiert d'importants contrôles de qualité.

5.4.2.1 PROJECTION

Chaque traiteur concrétise les ressources de connaissance, souvent subconscientes, dans des modèles qu'il peut ensuite projeter en flux d'information, en vues et artefacts, requis au partage et à la communication.

La projection permet de réduire la dimensionnalité comme lorsque l'ombre d'une personne est projetée sur le mur ou sur le sol, par exemple, de 3D à 2D.

La projection de modèles représente une réduction de contenu et utilise :

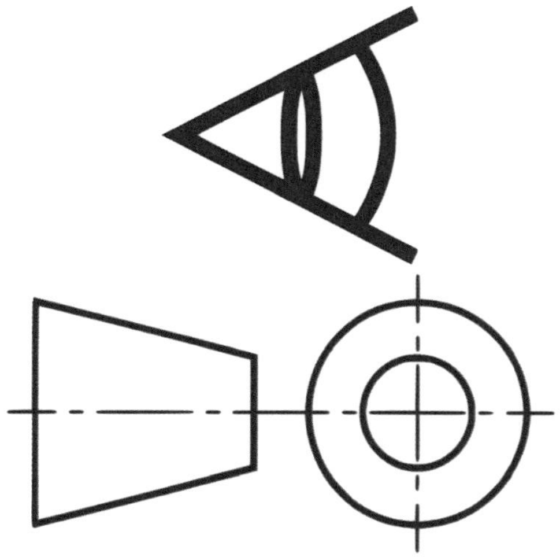

- **QUOI :** les angles ou points de vue déterminent les aspects du modèle à considérer pour les vues requises
- **COMMENT :** la *perspective* détermine les types, cadres, formats, médias et encodages requis pour représenter et matérialiser les vues requises

Pour illustrer, pour une activité ou organisation (modèle), un traiteur peut assumer un rôle et point de vue d'actionnaire et projeter les aspects de rentabilité à travers une perspective définie par des tableaux, graphes ou états, en deux langues, assemblés en format PDF, par langue, par exemple.

L'objectif de la projection est d'impacter le monde extérieur. La communication avec le partage et la collaboration y contribuent effectivement.

Typiquement, des traiteurs partagent leur connaissance autour des vues, chacun enrichissant et évoluant son bagage.

La connaissance, comme la réalité et sa structure, est riche et profonde, guidée par la multitude de relations qualifiées qui en relient tous les éléments. Traduire cette complexité à travers la matérialisation en artefacts d'information exige une réduction drastique du contenu. On peut multiplier les artefacts, mais la projection souvent complexe doit choisir des angles et points de vue, des zones de focus, des compromis, et compter sur les capacités d'inférence et de traitement des récepteurs.

5.4.2.2 Inférence

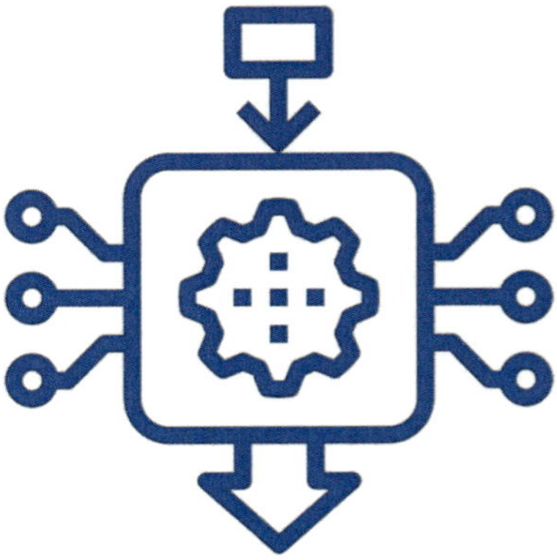

L'inférence est un processus métabolique sophistiqué qui permet à chaque traiteur (récepteur), de déduire, par corrélation, et d'intégrer dans son propre bagage de connaissance, les ressources correspondantes à l'information sélectionnée et interprétée d'artefacts reçus.

L'inférence permet d'instancier, de créer et d'intégrer de nouvelles ressources de connaissance au bagage d'un traiteur, en fonction des contextes et conventions.

L'INFÉRENCE ACCROÎT LA DIMENSIONNALITÉ.

Inscrits au métabolisme des traiteurs, corrélation, déduction et inférence opèrent en continu, sur l'ensemble du bagage priorisé. Cf. *Section 6.2.3.3 Métabolisme*.

Dans l'interaction, avec des débits et temps de réponse rapides, dépendant d'une multitude de facteurs et contextes, processus sophistiqué et sujet à l'erreur, l'échec et la corruption, l'inférence est une étape stratégique de la communication.

Le principe est que le contenu des artefacts échangés puisse servir à guider l'esprit du récepteur, dans son processus d'inférence, permettant de tenter de reconstruire des ressources de connaissance correspondantes, en fonction de son propre bagage de connaissance, tout en évaluant la pertinence et la méthode pour les y intégrer et en validant chaque aspect et chaque étape.

ORDRE	CHAOS

5.4.3 Intégrité

Assurer l'intégrité des contenus partagés constitue un aspect fondamental de la communication, du partage et de la collaboration. Cet aspect trouve aussi son extension dans la sécurité. Voir 5.5 Sécurité.

L'intégrité est clé à toutes les étapes, mais particulièrement en communication, où la diversité de la vulnérabilité à l'intégrité suggère une approche opérationnelle adaptée.

À chaque étape, la communication est vulnérable au bruit, à l'erreur, à l'imperfection et à l'attaque. Chacun de ces facteurs défie l'intégrité des contenus transmis, ainsi que les résultats effectifs de la communication.

Les défis à l'intégrité sur la cascade de processus interdépendants, incluant:

- Articulation de modèles de ressources, à partir du bagage de connaissance de chaque émetteur
- Projection du modèle, à partir de points et angles de vue sélectionnant les aspects à projeter, à travers des perspectives qui déterminent la façon de réduire, traduire ces aspects et les adapter à des vues dans des artefacts informationnels
- Subjectivité sophistiquée choix et biais guidant les processus de projection et d'inférence
- Arbitraire des traditions, conventions, langages, codages et présentations requis pour la communication
- Erreurs, faiblesses, défaillances et brouillages omniprésents des média utilisés et des conversions requises
- Malveillance, rivalités, appropriations, corruption et entropie naturelle

En conséquence, chaque niveau et chaque étape doivent prévoir les mécanismes de détection et de correction adéquats pour minimiser les atteintes à l'intégrité des contenus. Il n'est pas surprenant que ces procédés occupent part importante du traitement requis dans la transmission d'artefacts.

L'intégrité est une condition fondamentale au partage et à la collaboration. Sa complexité requiert connaissance et intelligence, appuyés par la gestion effective du réseau des relations qualifiées qui définissent les contextes et applications. Voir aussi la *section 9.3.7 Intégrité*, en annexe.

5.5 Sécurité

L'exemple de la *section 3 Clé* montre comment la gestion de la sécurité des contenus partagés, ainsi que la confiance entre les parties, sont intrinsèques à la connaissance et s'adaptent dynamiquement selon l'évolution des ressources, contextes et bagages de connaissance.

La sécurité du partage de contenu s'inscrit et se gère aux cœur même des ressources, des structures et des relations. La classification dynamique, sans limite de granularité, intuitive chez les humains, constitue un outil indispensable au soutien de la sécurité du partage.

La gestion des relations qualifiées, qui soutient la classification dynamique, permet de comprendre et gérer les associations, contraintes, contextes, intervenants, cadres et valeurs nécessaires à la classification dynamique.

En contribuant à sécuriser le partage, la classification dynamique valorise la propriété intellectuelle et permet l'économie du savoir.

Stratégique, la classification dynamique ne constitue qu'un aspect de la sécurité et la présente section en considère aussi quelques autres.

Clé du partage et de la collaboration, la sécurité est en fait un pilier fondamental de toute économie prospère.

5.5.1 Authentification

Opération de base et première étape du processus de sécurisation, l'authentification valide et confirme l'identité des parties aux partages, dont chaque contributeur, administrateur et utilisateur. Les points d'accès sont des points d'authentification.

Plusieurs approches d'authentification sont disponibles pour être combinées. Dans l'exemple de la *section 3 Clé*, les voisins combinent la vue, l'ouïe et le contexte pour reconnaître et valider mutuellement les identités.

Dans cet exemple, pour chacune de ces approches, plusieurs facteurs sont considérés et validés. Pour l'ouïe, par exemple, on reconnaît le timbre, l'intonation, l'acuité, l'orientation, ainsi que la correspondance du sens des mots/phrases utilisés en fonction des connaissances, grammaires, lexiques, traditions, conventions, etc.

L'absence de connaissance et d'intelligence effective, en traitement d'information, aujourd'hui, limite l'authentification, qui pourrait faire bien mieux si elle avait accès au savoir.

5.5.2 Classification

Alors que l'authentification qualifie les intervenants, la classification qualifie les données. C'est à dire que, en opération, données et intervenants doivent être pré-qualifiés dynamiquement, pour pouvoir assurer la sécurité requise.

D'autres étapes de gestion de la sécurité considèrent plutôt l'interaction entre les deux types de ressources : données et intervenants.

Fondement de la sécurité du partage de contenu, la classification dynamique valorise et qualifie chaque donnée selon sa nature, son sens et son opération.

Son opération se définit par le contexte de la requête, qui comprend ses paramètres, ses requérants, les ressources visées ou impliquées, les relations qui les relient et les animent, l'usage souhaité et autres.

Basée sur la gestion des relations qualifiées, la classification dynamique s'intègre au cœur mêmes des ressources et de leurs relations.

C'est en opération, à chaque requête et ressource impliquées, que le traiteur assure le contrôle d'accès en croisant dynamiquement trois réseaux logiques :

Autorisation	Classification	Contexte
Réseau des droits et responsabilités des intervenants	Réseau des ressources impliquées et de leur classification	Réseau de qualification des contextes et conditions applicables

Par exemple, à la *section 3 Clé*, le véhicule, objet visé du partage, porte sa valeur propre (coût de remplacement), mais aussi celle du dommage qu'il peut occasionner, la santé des passagers, etc.

Dans l'exemple, les assurances des responsables partagent le risque, tout en témoignant de la classification des ressources partagées. On imagine qu'à l'instanciation du risque, les assurances évalueront la classification exacte dans le contexte. La classification effective est dynamique.

Aujourd'hui, encore rare, la classification des données est toujours statique, sommaire, destinée aux humains et restreinte à quelques profils d'accès arbitraires (granularité restreinte), comme :

Classification statique typique aujourd'hui				
Top Secret	Secret	Confidentiel	Privé	Public

La réalité complexe et dynamique se réduit mal à si peu et si statique.

5.5.3 Contexte

Le contexte est un facteur important à comprendre et à gérer. Inclusif, en plus de la requête il inclut ce qui est relié comme : les ressources, leurs relations qualifiées, les conditions applicables, les processus concourants.

Le contexte peut aussi comprendre et intégrer les processus internes d'analyse, de suivi et d'ajustements (pondération, priorisation), aux contextes, pour pondérer les biais qui pourraient affecter la réussite du partage, dont les interventions non souhaitées, par exemple.

LE CONTEXTE DU PARTAGE DE CONNAISSANCE INCLUT :

- La requête, avec son historique et ses propriétés, dont :
  - Les profils des requérants, avec droits et autorisations
  - Les ressources et relations visées, directement ou indirectement
  - Les types d'accès et d'opération visés
  - Les localisations spatiales et temporelles
  - L'entente associée
- Les aspects et contraintes d'encodage, conversion, chiffrement
- Le bruit, l'interférence et l'erreur
- Les médias utilisés et leurs contraintes
- Validation des accès, conditions, règles applicables, statuts et autre, sans contrainte de granularité

L'analyse et la gestion des contextes sont déterminantes pour la gestion des accès qui croise les réseaux logiques de classification, de contexte et des autorisations, pour évaluer le partage de chaque ressource. Ils contribuent également au traitement des flux externes et métaboliques.

Avec son modèle de traitement arbitraire, sans gestion structurée des relations qualifiées, le traitement d'information, n'a pas accès à la cohérence du modèle naturel de traitement de connaissance, optimisé au fil de l'évolution et donc sensiblement plus mature.

5.5.4 Droits

Typiquement, le traitement d'information définit certains profils d'accès, chacun associé à un ensemble de droits et où chaque intervenant est assigné à un de ces profils. Traiter la connaissance permet la gestion dynamique des droits et responsabilités de chaque ressource.

Chaque ressource a ainsi son propre profil d'accès évolutif, avec son réseau de droits ses responsabilités, chacun associé aux relations qualifiées auxquelles ils contribuent, selon chaque rôle assumé dans chaque cas.

Les intervenants, humains ou systèmes, sont aussi des ressources dont les droits et responsabilités sont associés à chaque rôle assumé, dans chaque relation. Tout est dynamique, la gestion et la gouvernance aussi. En tout temps et selon les contextes, chaque ressource peut déléguer des fonctions dont elle reste responsable parmi celles qui leurs sont déléguées.

Intégrée à la gestion des relations qualifiées de chaque ressource, en traitement de connaissance, la gestion des droits est dynamique, contextuelle et à granularité limitée seulement par la structure de la réalité considérée.

Pour les humains, la gestion des droits et privilèges est naturellement plutôt intuitive et subconsciente. Il est même intéressant de constater à quel point, intuitivement, les humains peuvent réussir à évaluer et pondérer un grand nombre de facteurs, réflexes, algorithmes, interreliés.

Pour les systèmes intelligents, l'intégration et la gestion des relations qualifiées est aussi requise.

5.5.5 Accès

Le contrôle d'accès est un processus critique et indispensable du partage et de la collaboration.

En principe, pour chaque requête, chaque type de partage, chaque ressource partagée, le traiteur croise, corrèle et évalue trois graphes[xiv] :

Données	Droits	Contextes
Ressources ciblées, relations associées	Droits, responsabilités, rôles, autorisations	Contexte, requête, règles, conditions

Particulièrement sous d'importants volumes de requêtes, la performance d'un processus « temps réel », d'une complexité non négligeable, comme le contrôle d'accès, requiert une conception sérieusement optimisée.

5.5.6 CHIFFREMENT

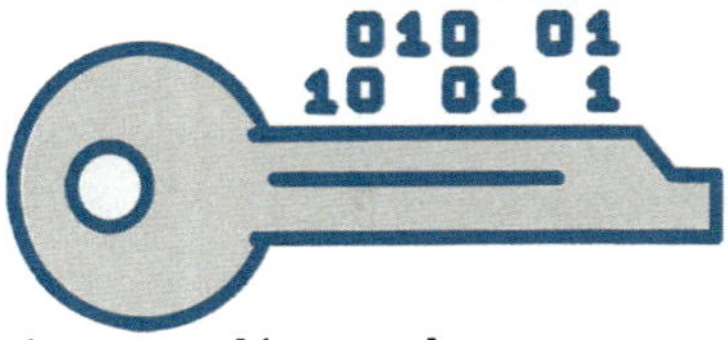

Principale approche de protection des données et contenus, le chiffrement requiert la gestion de clés de chiffrement indispensables à l'accès aux données.

La complexité de la gestion du chiffrement, de ses clés et leur partage sécuritaire peut croître rapidement, surtout avec la multiplication des clés.

Au plus simple, une clé est requise pour chiffrer et pour déchiffrer les données. On peut aussi, lorsque les données sont partagées avec plusieurs « récepteurs », partager une clé « publique » alors que l'émetteur de la donnée disposera d'une clé privée.

Les clés de chiffrement doivent aussi être partagées et ce partage doit souvent lui-même sécurisé par d'autres clés.

Les données en transit sont aussi typiquement chiffrées systématiquement occasionnant des niveaux de chiffrement additionnels où la même donnée se trouve doublement chiffrée et déchiffrée. En fait, plusieurs niveaux peuvent être requis, chacun avec ses clés et sa gestion de clé.

Lorsque la donnée est complexe, elle peut être chiffrée en plusieurs sections, potentiellement imbriquées, chacune avec ses clés et ses niveaux d'accès.

L'utilisation effective des clés de chiffrement est en relation avec les droits d'accès et contextes des intervenants.

De plus, sécurité et technologies exigent le remplacement régulier des clés.

De nombreux cas sont possibles ou même usuels, chacun avec sa couche de complexité. Il devient rapidement évident que la gestion effective du chiffrement et de ses clés requiert intelligence, connaissance et gestion systématique des relations qualifiées qui organisent les réseaux de ressources.

5.5.7 POISON

L'empoisonnement contrôlé des données peut être un outil utile pour protéger de l'imitation, de l'IA et du grattage de données, par exemple, sans compromettre la valeur et l'accès au contenu, pour les ressources autorisées.

L'empoisonnement consiste à rendre un contenu accessible en lecture, mais inaccessible sous certaines conditions, comme la réplication par exemple.

5.5.8 Suivi

Chaque partage définit ses conditions, souvent à travers les termes et annexes d'une entente de collaboration.

Indispensable au partage effectif, le suivi permet d'assurer la conformité du partage, à ces conditions, ou termes des ententes applicables.

Le suivi requis fait typiquement partie des conditions. Sa sophistication est souvent proportionnelle à la valeur du contenu partagé.

Assurer le suivi comprend de nombreux éléments et stratégies. Parmi les plus déterminants, on compte :

5.5.8.1 Identification

Pour suivre une ressource partagée, on doit nécessairement pouvoir l'identifier spécifiquement. L'identification constitue un prérequis pour la gestion et pour le suivi.

Par exemple, à la *section 3 Clé*, le partage peut être identifié en combinant la période, l'immatriculation du véhicule, le permis du conducteur.

Première forme de qualification, fondamentale pour toute ressource, fondement de l'intelligence et de la connaissance, prenant une multitude de formes, l'identification est abordée plus spécifiquement à la *section 6 Artificiel*.

5.5.8.2 Traçage

Le suivi opère à différents niveaux. Le traçage vise à maintenir trace de la localisation temporelle, spatiale et virtuelle de la ressource partagée, selon les requis des ententes et les cycles de vie de la ressource.

Le traçage peut combiner différents niveaux et types de procédés comme :

- **Historique** : Journalisation, chronologie, « BlockChain »
- **Inscription** : Garanties de produits, abonnements
- **Puçage** : RFID, étiquetage
- **Stéganographie**[xv] : marquage imperceptible
- **Télémétrie** : GPS, caméras, drones

À la *section 3 Clé*, l'entente est amiable, le traçage pourrait comprendre, l'identifiant du véhicule, un émetteur GPS, des vitres marquées.

Leur usage et combinaison effectives s'appuient sur des facteurs interdépendants, selon les relations qualifiées qui les structurent.

5.5.9 Compensation

Selon le choix des parties à l'entente, chaque transaction d'un partage peut typiquement être associée à une contrepartie, la compensation.

La compensation combine, systématise et automatise :

- La diversité et la multitude des modes de compensation, comme :
  - Les modes transactionnels traditionnels
  - Les abonnements à des services, en ligne ou autres
  - Des procédés automatisés, comme :
    - La facturation à l'usage, plutôt qu'achat ou location
    - Les micropaiements, comme pour la facturation à l'usage
- Le suivi, la répartition et la mise à jour des ententes

La compensation peut prendre la forme de frais, récurrents ou non, ou, comme dans la *section 3 Clé*, sans compensation formelle, mais avec quelques bonnes bouteilles de vin rapportées, par exemple.

La gestion de la sécurité du partage et de la collaboration comprend la répartition des compensations, avec précision, efficacité, validation et selon les différents modes, étapes et suivi, conformément aux ententes applicables.

LA RENCONTRE DE DEUX PERSONNALITÉS EST COMME LE CONTACT ENTRE DEUX SUBSTANCES CHIMIQUES: S'IL Y A RÉACTION, LES DEUX SONT TRANSFORMÉES

CARL GUSTAV JUNG

IL Y A AUTANT DE MOLÉCULES DANS UNE GOÛTE D'EAU QUE D'ÉTOILES DANS L'UNIVERS CONNU : 10000 MILLIARDS DE MILLIARDS (10^{22})

SOLUTION

6 ARTIFICIEL

Appuyée par les concepts reliés aux causes et fondements introduits dans les sections précédentes, la présente section considère des concepts reliés à l'approche d'informatisation (artificialisation) de connaissance et d'intelligence.

Le double objectif consiste à :
1. Permettre aux systèmes intelligents de pouvoir traiter la connaissance avec intelligence, comme le font si naturellement les humains
2. Assurer que la collaboration entre humains et systèmes intelligents soit profonde, signifiante, longue, productive et adéquatement encadrée

Fruits et outils d'évolution les humains contribuent à cette l'évolution. Ils développent des systèmes intelligents pour pouvoir collaborer à optimiser productivité, prospérité et solidarité. Les systèmes intelligents sont appelés à supporter trois formes de collaboration :

humains	humains + systèmes	systèmes
Où les systèmes contribuent en soutenant et sécurisant la collaboration entre humains	Où, plus les systèmes sont compatibles et proches de l'expérience humaine naturelle et intuitive, plus les partages peuvent être efficaces, pertinents et la collaboration productive	Où la compatibilité indispensable s'appuie d'abord sur la spécification de normes et règles internationales de représentation, traitement et partage de connaissance

Dans le contexte de l'IA massive actuelle, les systèmes offrent et utilisent des services arbitraires, à travers des APIs, soit des fonctions invocables sur serveurs. Mieux qu'avant, ça reste « assemblé à main d'homme », sur une base client/serveur et même si les actifs déjà lourds craquent, tout doit accélérer : performance, diversité, complexité, agilité. Consommation énergétique et aquatique (refroidissement) deviennent astronomiques.

INTELLIGENCE ET CONNAISSANCE ARTIFICIELLES PERMETTENT DE MIEUX ÉVOLUER RESSOURCES, HABILETÉS, COLLABORATION, PRODUCTIVITÉ, PROSPÉRITÉ ET SOLIDARITÉ

Le traitement de connaissance s'organise et s'articule surtout autour des :
- Modèles naturels éprouvés et vérifiables
- Métabolisme et évolution continue du bagage de connaissance
- Traitement continu des flux sensoriels et moteurs
- Modélisation et représentation de ressources de connaissance
- Modélisation et gestion de relation qualifiées structurantes
- Utilisation et gestion efficaces des archétypes et métadonnées
- Structures logiques opérationnelles : ressources, relations, graphes/réseaux

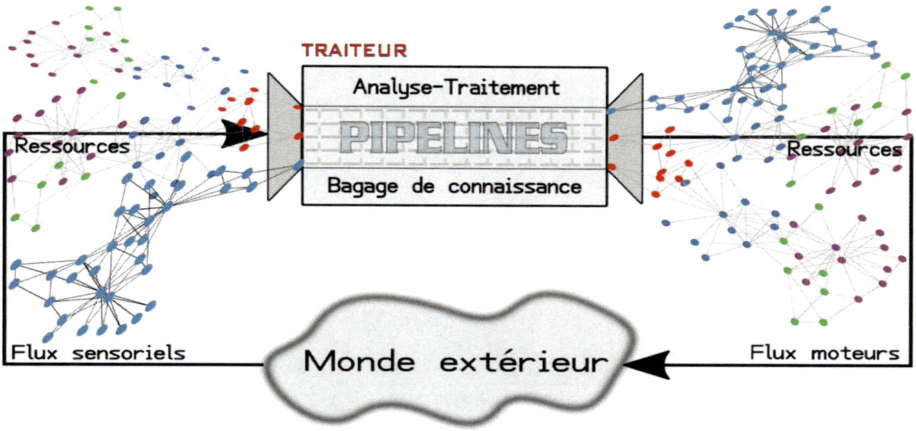

6.1 Modèle

Le modèle du traitement de connaissance est conçu :

- selon le modèle naturel, à l'échelle humaine
- autour de traiteurs de connaissance (humains, systèmes), où chacun :
  - évolue son bagage de connaissance au fil :
    - d'interactions avec le monde extérieur, en traitement de flux, sensoriels (inférence) en entrée et moteurs (projection) en sortie
    - des processus continus internes du métabolisme de connaissance qui évaluent, qualifient, intègrent, corrèlent et évoluent les ressources
  - est motivé de collaborer à l'évolution

Voir aussi la *section 9.2.1 Nature*.

Le traitement des flux sensoriels (entrants) et moteurs (sortants) utilise des pipelines de transformation parallèles[xvi] et est toujours opéré en fonction du bagage de connaissance du traiteur.

L'interaction alimente aussi le bagage de connaissance et son métabolisme.

Le bagage de connaissance représente l'ensemble de la connaissance du traiteur et de sa base de référence. Une partie de cette connaissance est héritée (ADN, noyau), alors que le reste est acquis ou déduit/inféré, au fil des interactions.

La collaboration permet à chaque traiteur d'interagir, d'opérer, de suivre, ainsi que de qualifier ses interactions et la réaction des autres à sa contribution, en boucle, en rétroaction, en continu, en optimisant son bagage de connaissance pour l'évoluer.

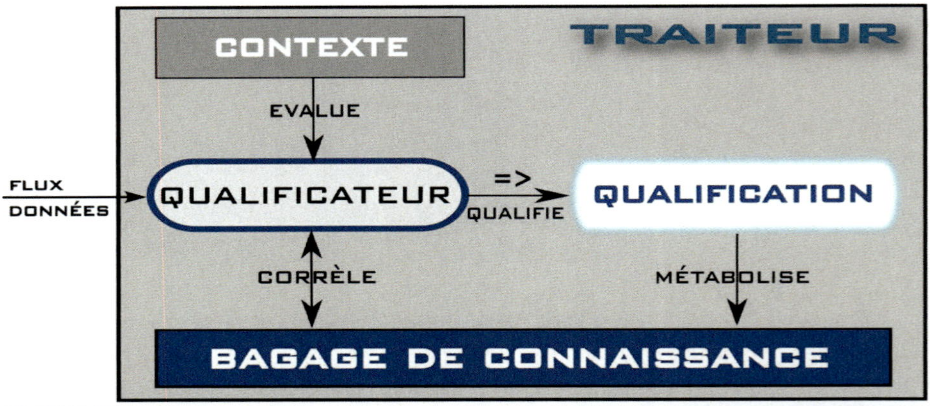

6.1.1 Qualification

L'esprit est relatif et relativiste. Fondamentalement, il analyse, compare, évalue, oriente, intègre. En résumé, il qualifie.

Fondamentale pour la connaissance, son opération et son partage, la qualification relativise une ressource en l'évaluant dans son contexte spécifique et en la comparant au bagage de connaissance existant, soit aux ressources connues. Le résultat de l'opération de la qualification est aussi une qualification.

La qualification prend une infinité de formes variées, incluant, parmi les plus simples et fondamentales : l'identification, la classification, l'évaluation et la localisation temporelle, spatiale et électronique.

Les indicateurs de performance (KPIs) constituent un exemple usuel de qualification calculée, par exemple. Même dans les langues naturelles, les verbes, noms, et adjectifs, sont des formes de qualification, comme :

Item	Qualifie et Identifie	Cible
Substantif (Nom)	=>	Entité
Adjectif	=>	Substantif
Verbe	=>	Comportement, Action

La connaissance et l'intelligence se construisent sur la qualification.

L'identification est la première et indispensable forme de qualification, pour l'existence de chaque ressource. Voir *section 6.2 Archétypes*.

Chaque ressource est une collection de qualifications, à son niveau et une qualification pour les ressources à laquelle elle contribue.

6.1.2 Ressources

Vaste et diversifiée, comme la structure de réalité qu'elle modélise, la connaissance s'organise logiquement, autour du principe de la qualification, ainsi que de collections de qualifications, opérant en réseaux logiques (graphes), où :

A) La ressource est l'élément constitutif de la connaissance
B) Chaque ressource est une collection identifiable de qualifications
C) Une collection de ressources est une ressource
D) Les relations qualifiées entre les ressources sont des ressources
E) Les relations qualifiées qualifient la collaboration entre ressources
F) Les relations qualifiées structurent, articulent les réseaux de ressources
G) Les réseaux de ressources sont aussi des ressources de connaissance
H) La connaissance comprend tous les réseaux de ressources de connaissance
I) Les ressources ont des types et archétypes, dont les relations qualifiées
J) La connaissance ne connaît que des ressources identifiées ou identifiables
K) L'identification, première forme de qualification, définit l'existence de chaque ressource, car ce qui ne peut être identifié ne peut être géré
L) L'identification prends de multiples formes

ISBN# 978-1-7389132-0-6

La *section 6.2 Archétypes* considère quelques archétypes fondamentaux, dont la ressource identifiée est la racine. La *section 6.2.2 Relations* considère plus spécifiquement les relations qualifiées.

6.2 ARCHÉTYPES

Traiter la connaissance traite aussi la métaconnaissance, « la connaissance sur la connaissance ». La métaconnaissance informatisée devient des métadonnées de connaissance. La métaconnaissance est multicouche.

Essentielle au traitement de connaissance, particulièrement à la modélisation et à la gestion du traitement des flux de ressources, la métaconnaissance profite du modèle naturel des archétypes, qui permet la gestion des :

- Types et modèles de ressources, qualifiant nature, structure, opération
- Paramètres, opérations, attributs communs à différentes ressources
- Qualifications, définies, héritées ou acquises, de chaque ressource
- Archétypes eux-mêmes, qui sont aussi des réseaux de ressources

Tant pour le traitement des ressources des flux externes que pour les processus du métabolisme, tant pour les relations qualifiées que pour les autres ressources (entités), la métaconnaissance s'organise en couches évolutives, continuellement corrélée et optimisée.

La métaconnaissance est fondement de connaissance et de conscience (métacognition).

LES ARCHÉTYPES SONT COMME DES LITS DE RIVIÈRES QUI SE DESSÈCHENT LORSQUE L'EAU LES ABANDONNE, MAIS QUE CELLE-CI PEUT RETROUVER À TOUT MOMENT

CARL GUSTAV JUNG

Les archétypes sont des ressources de connaissance qui constituent des structures de métaconnaissance utilisées comme modèles et gabarits, dans la qualification et la définition de caractéristiques structurelles et opérationnelles d'autres ressources.

Les archétypes :

- Dérivent eux-mêmes d'autres archétypes
- Structurent l'appariement, l'analyse et le traitement des ressources
- Aiguillent les interprétations et comportements des ressources
- Permettent de définir, d'adapter et de structurer les traitements par types ou familles de ressources
- Permettent à chaque ressource de participer aux familles requises
- Contribuent aux métadonnées des ressources et à leur gestion

L'archétype « véhicule », par exemple, qualifie ce qui est commun aux divers types de véhicules. L'archétype véhicule constitue un réseau logique (graphe) qui permet d'associer les archétypes correspondant aux différents types de véhicules comme moto, bicyclette, automobile, autobus, camion, etc.

Les ressources réfèrent aux archétypes et changer un archétype modifie la structure et l'opération des ressources qui s'y réfèrent.

Quelques archétypes communs sont introduits un peu plus bas, comme : identification, localisation, rôle, application.

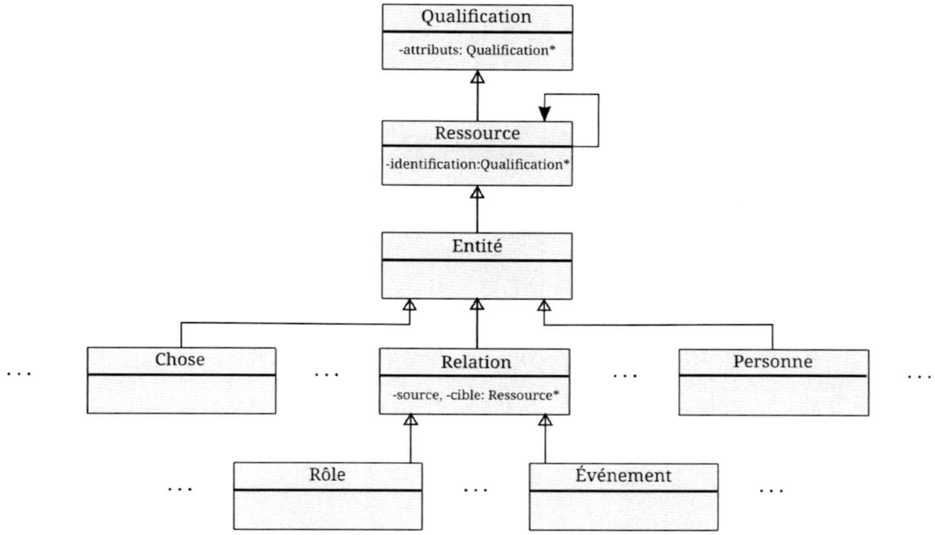

Le diagramme style UML, ci-haut, présente les premiers niveaux d'archétypes, ceux dont tous les autres en héritent :

- Ressources (Collections de qualifications)
- Entités dont dérivent toutes les ressources
- Relations qualifiées qui structurent la connaissance et dont dérivent directement ou indirectement toutes les relations qualifiées
- Autres archétypes

6.2.1 ENTITÉS

Dans le contexte ici, « entités » désigne les *ressources qui ne définissent pas de relation qualifiée entre d'autres ressources*.

Comme les feuilles d'un arbre, au bout de réseaux de branches, les entités sont les ressources au bouts des réseaux de relations qualifiées, les feuilles. Les entités désignent les aspects non relationnels de la structure de la réalité. Voir aussi Relation plus bas.

Les types d'entité sont illimités et comprennent souvent objets, lieux, concepts, physiques ou virtuels, selon le contexte, par exemple.

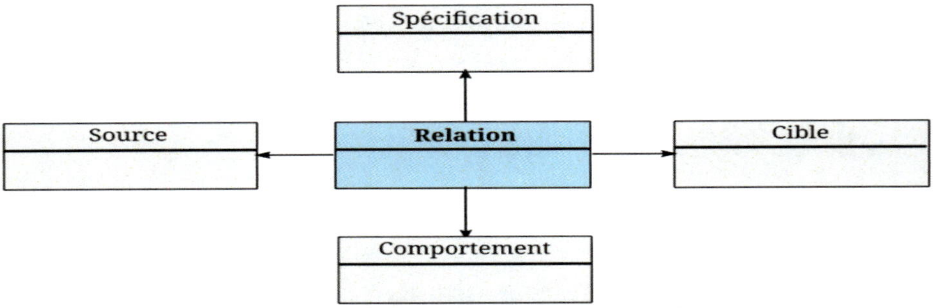

6.2.2 Relations

Les relations qualifiées sont des ressources, comme d'autres, sinon qu'elles qualifient, modélisent, et opèrent des relations entre d'autres ressources.

Chaque relation qualifiée modélise la relation effective (spécification), les termes de l'entente tacite ou explicite, ainsi que les rôles et comportements de ses sources et cibles, en fonction de la relation.

Ancrée dans la relativité et la transformation de l'existence, la gestion des relations qualifiées constitue un fondement de la pensée, de l'intelligence et de la connaissance.

Bien que les entités soient nombreuses et diversifiées, les relations le sont typiquement bien plus encore, puisque leurs sources et cibles ne sont pas limitées aux seules entités et s'appliquent aussi aux relations elles-mêmes, soit à toutes les ressources, à tous les niveaux.

Structurantes et stratégiques les relations qualifiées sont déterminantes pour la connaissance et l'intelligence, naturelles et artificielles.

Fondamentalement, chaque relation est directionnelle, entre sa source et sa cible. Les relations multidirectionnelles sont des collections de relations.

Les cibles et sources peuvent être des ressources complexes, comme des groupes, ou des collections, par exemple.

Chaque relation définit, motive et encadre les actions et comportements de ses source et cible. Les relations qualifiées concrétisent la collaboration des parties engagées respectives, tout en cadrant leurs contributions.

Les relations qualifiées structurent la connaissance et son traitement. Pourtant, le traitement d'information les sous-estime, les réduit typiquement à de simples références, sans les bien comprendre et modéliser effectivement et sans en rendre la pleine gestion disponible aux systèmes (métabolisme).

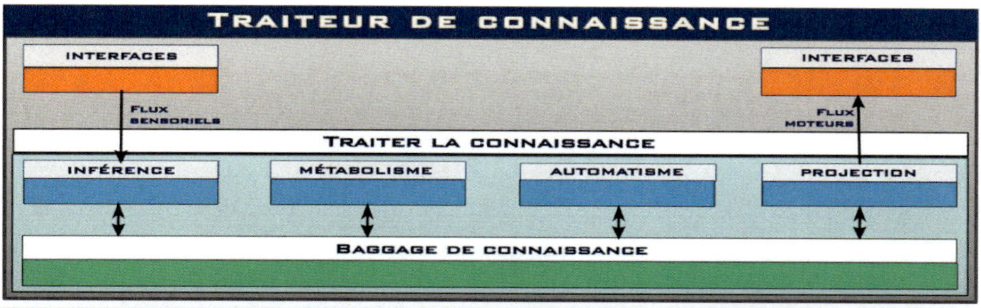

6.2.3 TRAITEURS

Le traiteur est l'archétype central du modèle d'architecture du traitement de connaissance. Les ressources de cet archétype, humains ou systèmes intelligents, peuvent traiter et partager *des ressources de connaissance.*

Le diagramme ci-haut, schématise la relation entre le bagage et le métabolisme de connaissance du traiteur : en bleu les composants opérants (code), en vert sont banques de savoir (données) et l'orangé est réservé aux flux externes. Chaque traiteur dispose minimalement de :

BAGAGE	Ensemble de sa connaissance héritée et acquise
MÉTABOLISME	Gamme des processus continus d'évolution du bagage
INTELLIGENCE	Habileté à traiter la connaissance
AUTOMATISME	Réflexes, habitudes, conditionnement, déclencheurs, automatismes
INTERACTION	L'habileté à traiter en continu, les flux sensoriels et moteurs
INTERFACE	Interfaces humains-systèmes modulaires sécurisées
INTÉGRATION	Intégration modulaire des flux externes (inférer, projeter)

Les traiteurs humains opèrent intuitivement. Les traiteurs artificiels dépendent des humains pour pouvoir connaître l'intuition.

6.2.3.1 BAGAGE

Le bagage de connaissance du traiteur, humain ou autre, est sa base de référence, en tout, car il représente l'ensemble de sa connaissance, héritée et acquise. Le bagage de connaissance est optimisé et évolué en continu à travers les processus métaboliques. Voir Métabolisme.

6.2.3.2 AUTOMATISME

Les réflexes et automatisme permettent aux traiteurs d'enregistrer et automatiser des séquences de comportements possiblement complexes, au subconscient (arrière plan) pour libérer le conscient (avant-plan) de la gestion de détails d'exécution récurrents.

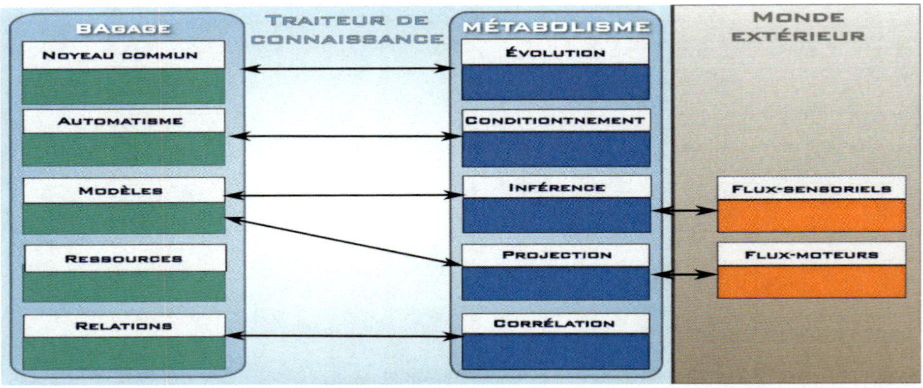

6.2.3.3 MÉTABOLISME

Le métabolisme de chaque traiteur, désigne les processus continus d'évolution de son bagage de connaissance, incluant intégration, corrélation, optimisation.

ÉVOLUTION CONTINUE DU BAGAGE DE CONNAISSANCE

Tous les traitements sont effectués et intégrés en fonction du bagage de connaissance courant du traiteur. Ce bagage, l'ensemble de sa connaissance, est fondamental à son opération. Chaque traiteur peut intégrer à son bagage de connaissance, les ressources déduites ou inférées de ses interactions (flux sensoriels et moteurs) et à travers ses processus métaboliques.

De l'intention de l'intégrer, et pour le reste de son existence dans le bagage du traiteur, chaque ressource est soumise aux processus métaboliques.

Le métabolisme optimise et évolue le bagage du traiteur en continu, à plein régime pendant le sommeil et en arrière plan durant l'éveil.

INFÉRER	QUALIFIER	INTÉGRER	CORRÉLER	PROJETER

Selon la priorisation courante, à partir des relations qualifiées, le métabolisme traite l'ensemble des ressources du bagage du traiteur.

Au fil des traitements et de l'évolution des ramifications, les ressources métabolisées sont progressivement indexées, corrélées, consolidées et intégrées, toujours plus profondément dans le bagage du traiteur.

Les processus métaboliques comprennent aussi des fonctions prédictives qui permettent d'anticiper des évènements ou comportements à partir de l'historique du bagage et des ressources disponibles (expérience).

Les réflexes, habitudes et automatismes sont aussi sujets aux processus métaboliques qui en assurent l'opération. Voir *section 4.5.6 Réflexes*.

6.2.4 Rôle

Déterminant dans toute relation qualifiée et relation dans la relation, l'archétype Rôle qualifie la responsabilité d'une ressource, pour une tâche.

Les rôles servent, par exemple, à définir les responsabilités et comportements potentiels ou requis, des sources et cibles de chaque relation qualifiée.

6.2.5 Localisation

La localisation est un archétype fondamental qui permet de localiser les ressources dans l'espace physique ou électronique et dans le temps. Combinant position et période, à l'application, la localisation présente des défis intéressants, surtout liés à la multitude de référents, axes, conventions et formats usuels, souvent redondants et mal alignés.

Localiser les ressources est indispensable et s'opère sur trois grands axes :

Temporel	Période, durée, répétition, date, heure
Géospatial	Position physique, 2D, 3D, 4D, adresses, codes
Électronique	URL/URI, courriel, téléphone, etc.

La localisation est multidimensionnelle et souvent redondante, combinant :

- Les références sur les trois grands axes
- Sur chaque axe, différents canaux sont utilisés
- Sur chaque canal différentes formes et variantes sont utilisées

6.2.5.1 Position

La position localise une ressource, en espace physique ou électronique, combinant souvent plusieurs formes de localisation, parmi une vaste sélection.

Localiser un aéroport, par exemple, peut combiner des codes d'aéroport, codes postaux, maritimes, ferroviaires, adresses civiques régionales, coordonnées 2D ou 3D (longitude, latitude, altitude), des coordonnées géométriques (point, surface, volume) et adresse électroniques, dont téléphones, radios, courriels, messageries, fac-similés, urls, etc., chacun évoluant à son propre rythme.

6.2.5.2 Période

Archétype de localisation temporelle, la période comprend les dates, heures, durées, périodicités, fréquences. Elle qualifie aussi évolution, cycle de vie, changement, journalisation, comportement, synchronisation, séquencement, etc.

La période sert à indexer la causalité et sa gestion est cruciale à l'intelligence et au traitement de connaissance.

6.2.6 APPLICATION

L'application est l'archétype des ressources exécutables. Cet archétype soutient tous les types et formes d'application. Comme toutes les ressources, les applications peuvent être assemblées et imbriquées (graphes).

Dans le cadre de l'opération d'un traiteur de connaissance, les applications considérées ici, se retrouvent à trois niveaux surtout :

- **Interaction** : traiter les flux sensoriels et moteurs, au fil de pipelines
- **Evolution** : métabolisme et optimisation du bagage de connaissance
- **Conditionnement** : gestion des réflexes, habitudes, automatismes

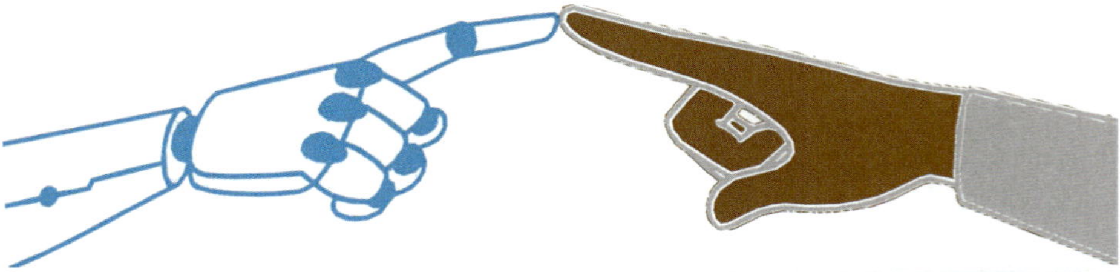

6.2.7 INTERFACE

L'archétype d'interface spécialise l'application et sert, par exemple, à gérer l'interaction du traiteur avec le monde extérieur.

Traitant les flux sensoriels et moteurs, à travers des gestionnaires de contenu adaptés pour chacun, une interface vocale pourrait, par exemple, combiner synthèse et reconnaissance vocales, deux opérations bien différentes, chacune avec son ou ses gestionnaires de contenu spécifiques.

Les interfaces ne sont pas limitées à un ou deux gestionnaires de contenu. Une interface multimédia interactive en réalité virtuelle, par exemple, peut utiliser plusieurs flux entrants et sortants concourants.

Traiter la connaissance permet de développer les interfaces entre humains et systèmes intelligents, ainsi que celles entre ces systèmes intelligents.

6.3 Données

Les données sont la représentation informatique des contenus.

En traitement d'information, les contenus sont strictement informationnels.

Avec la modélisation et la gestion de ressources de connaissance et de leurs relations qualifiées, avec le traitement de flux sensoriels et moteurs, le traitement de connaissance permet aux traiteurs de partager les ressources de connaissance soit directement en données de connaissance, ou en vues et artefacts informationnels, par projection et inférence et par leurs interfaces et gestionnaires de contenu opérant les codifications informationnelles.

En plus de représenter les ressources de connaissance, ainsi que leurs graphes et structures, la représentation des données de connaissance s'optimise en fonction d'aspects déterminants du contexte opérationnel :

- **Sécurisé**: Intégration des aspects de sécurité, voir la *section 5.5 Sécurité*
- **Générique**[xvii] : Généralisation des applications et traitements
- **En flux** : Congruence entre le traitement de flux, le traitement parallèle et l'opération des pipelines de transformation

6.3.1 Flux

Le mode de traitement du modèle naturel, le traitement de flux continus parallèles, en entrée (sensoriel), en interne (métabolique) et en sortie (moteur) présente plusieurs avantages importants comme :

- Mode de traitement commun, en entrée, en interne et en sortie
- Traitement des données sans latence, sans attendre la fin des flux
- Les latences des flux libèrent des ressources pour d'autres traitements
- Importants gains de flexibilité et performance, accentués par le volume
- Traitements activés sur reconnaissance de patrons (données/métadonnées)

6.3.2 Pipelines

Les flux externes (sensoriels/moteurs) et internes (métabolisme) de ressources de connaissance traversent les réseaux de pipelines de transformation parallèles qui analysent, reconnaissent, aiguillent et traitent les données et métadonnées, en continu.

La gestion dynamique des métadonnées guide les aiguillages et traitements, permettant d'évaluer la correspondance et applicabilité des ressources, selon leurs nature et structure respectives.

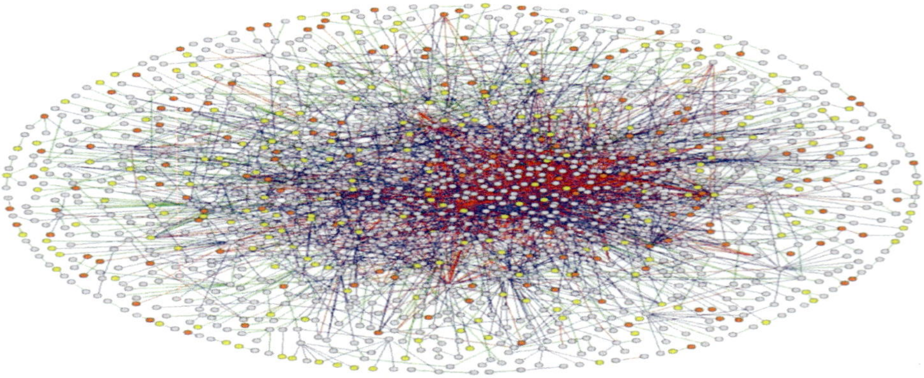

6.3.3 Corrélation

La corrélation est une forme de qualification fondée sur l'évaluation de facteurs communs entre des ressources et la formalisation des correspondances, pour référence ou utilisation. La formalisation résulte typiquement dans la création de ressources dans les bagages de connaissance.

Les relations qualifiées sont clé pour la corrélation alors qu'elles définissent et qualifient les ressources, relations, responsabilités et comportements

Le processus métabolique de la corrélation constitue une opération fondamentale de connaissance et d'intelligence. Plusieurs processus de la pensée utilisent la corrélation, comme traiter les flux, le métabolisme, les réflexes, le jugement, la tolérance, la priorisation, la sécurité, etc.

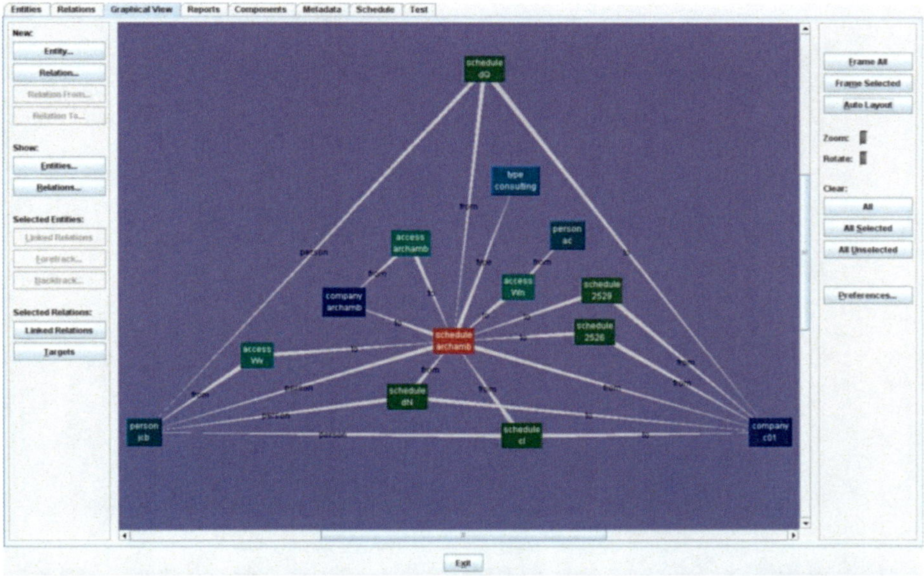

6.3.4 GRAPHES

À la frontière entre l'abstrait et le concret, entre un concept et sa projection dans la réalité, les graphes sont des structures naturelles idéales pour représenter et gérer la richesse et la sophistication de la connaissance, car :

- Les relations qualifiées, fondement de connaissance, structurent naturellement les ressources en réseaux logiques
- Les graphes sont le modèle des réseaux logiques, électroniques et physiques
- Un graphe de ressources est une ressource, sans limite d'imbrication
- Les graphes sont les structures de données les plus flexibles, génériques pour modéliser et gérer tous les types de données et particulièrement les données et métadonnées de connaissance
- Les graphes sont la structure de données la plus complète et traitable
- Les nombreux algorithmes et techniques de traitement de graphes sont éprouvés, répertoriés et bien documentés
- De nombreux outils sont disponibles pour analyser, traiter et visualiser les graphes
- Le traitement de graphes optimisé offre des performances optimales, typiquement inégalées

IMPACTS

7 IMPACTS

Développer des systèmes intelligents demande qu'on en considère les impacts. En toutes causalité et relativité, on doit penser l'approche, la conception, l'éthique, l'encadrement et les conséquences pour les prochaines génération.

L'IA actuelle n'a d'ailleurs pas encore bien considéré la plupart de ces aspects. Non seulement elle n'arrive pas à formuler de code d'éthique ou d'approche d'encadrement, mais déjà son développement sert à réduire les libertés humaines et remettre la destinée de l'humanité entre les mains de quelques possédants, à travers l'identité numérique, le contrôle bancaire et le crédit social, par exemple.

Les conséquences de traiter artificiellement la connaissance sont nombreuses et diversifiées. On regroupe, par exemple, dans cette section, des effets :

1. **Applicatifs** : relatifs au développement d'applications informatiques
   - développement de types d'application existants et nouveaux

2. **Collectifs** : sociétaux, plutôt long terme, relatif à la collectivité, dont :
   - éthique, nature, technologie, économie, société, politique

7.1 APPLICATIFS

Pour mieux mieux considérer les impacts applicatifs du traitement de connaissance, quelques usages sont considérés, regroupés ici en deux types et sous-section :

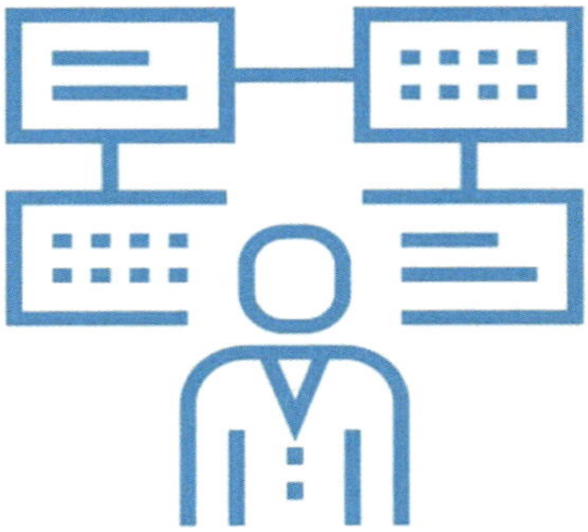

1. **Existants** : Impacts sur l'évolution d'applications de types existants

2. **Nouveaux** : Impacts sur le développement de nouveaux types d'applications

7.1.1 EXISTANTS

Pour aider à évoluer des types d'applications existants, le traitement de connaissance offre des outils qui permettent de mieux aborder certaines lacunes courantes qui hantent encore les environnements, systèmes, applications et développements informatiques d'aujourd'hui.

Ces nouveaux moyens comprennent ceux relatifs à la qualification, la sécurité, la gouvernance, l'intégration, la cohérence, et l'ontologie, par exemple.

7.1.1.1 Qualification

La qualification constitue l'opération fondamentale de l'intelligence. Toute opération de connaissance et d'intelligence se fonde sur la qualification.

Comprendre la qualification permet de traiter artificiellement la connaissance.

L'usage conscient et systématique de la qualification, à travers la gestion des relations qualifiées, par exemple, permet de résoudre efficacement des contextes dynamiques complexes, inaccessibles au traitement d'information.

Plusieurs processus dynamiques importants, comme ceux reliés à la sécurité (classification, droits, contextes), par exemple, se structurent naturellement sur la gestion ses relations qualifiées et sur la qualification.

La qualification et particulièrement la gestion des relations qualifiées du traitement de connaissance peuvent fournir de nouveaux outils et approches pour évoluer plusieurs types applications, par exemple :

- la gestion de la complexité, le jugement, la tolérance
- la résolution de problèmes récurrents, comme ceux du partage sécurisé

La gestion systématique de la qualification permet aussi d'évoluer l'identification, l'évaluation, la corrélation, la reconnaissance de patrons, la classification, ainsi que la gestion de la gouvernance et de la sécurité, autant de sources d'impacts sur l'évolution de types d'applications existants.

Opération fondamentale de la pensée, la qualification impacte potentiellement :

- Tous les aspects de l'intelligence et du traitement de connaissance
- Tout type d'applications

Les impacts de la qualification et de sa gestion systématique sont profonds en ce qu'ils affectent les approches, mais pour de nombreux types d'applications, ce type d'évolution ouvre la porte à des niveaux de productivité typiquement encore inégalés ou inaccessibles.

7.1.1.2 SÉCURITÉ

La *section 5.5 Sécurité* introduit des aspects de sécurité indispensables au partage et à la collaboration, des activités fondamentales de l'intelligence et de la créativité humaines.

Traiter la connaissance, gérer les relations qualifiées permet de mieux gérer la complexité.

Aujourd'hui, non seulement la complexité est ennemie de la sécurité, la fragilisant, l'opération de la sécurité est elle-même fort complexe. À tout niveau, à chaque jour, la complexité accélère sa croissance.

Aujourd'hui, on répond aux menaces à la sécurité en ajoutant des outils et des couches d'outils, ce qui accentue la complexité et sa gestion, fragilisant d'autant plus les environnements.

Pendant ce temps les incidents, les dommages, les victimes et les coûts de défense et de protection augmentent. Pire encore, ce contexte empêche une réelle économie du savoir de se développer et d'apporter la prospérité nécessaire à la survie de la majorité des humains. Voir *section 7.2.4.1 Décroissance*.

L'industrie de la sécurité se développe, mais, toujours dépassée, elle se tourne vers l'IA massive pour tenter de limiter les risques et les libertés

Cette même IA massive qui, pendant ce temps, remplace aussi le travail humain de l'économie industrielle, laissant la majorité des humains de plus en plus contrainte, appauvrie, privée d'espoir et menacée d'extermination.

En fait, la sécurité et plus spécifiquement la sécurité de contenu, de partage et de collaboration, est indispensable à la survie de la civilisation, de la race humaine et de l'écosystème. Voir *section 7.2.4 Économie*.

Le traitement de connaissance, la modélisation et la gestion systématiques des relations qualifiées, l'intelligence effective, naturelle et artificielles, ainsi que leur collaboration sont des clés premières de l'avenir des humains.

L'intégration du traitement de connaissance aux types d'applications existants représente une étape dans le cheminement indispensable vers de nouvelles générations d'applications et de traitements. Voir *section 7.2.4.2 Transition*.

7.1.1.3 Gouvernance

La gouvernance de quelque ressource que ce soit, combine surveillance et contrôle de son opération pour en optimiser et évoluer qualité et rendement.

Opérant en continu, la gouvernance est un processus métabolique qui permet d'assurer la qualité, l'intégrité, l'opération, l'évolution et la durée de vie utile de chaque ressource, des plus simples aux plus complexes, comme, par exemple, des entreprises multinationales avec leurs divisions, groupes, départements, processus, services, produits, ressources humaines et matérielles, systèmes, etc., par exemple, selon les indicateurs, seuils et réflexes associés.

La gouvernance de chaque ressource utilise des indicateurs de performance (KPIs), chacun avec ses seuils, cibles, valeurs effectives, tolérances, règles d'ajustement, priorisations et autres, permettant à la ressource d'évaluer, suivre, contrôler et ajuster dynamiquement son opération et comportement, à travers ses collaborations

Intrinsèque à la connaissance, la gouvernance permet aussi à chaque ressource de comprendre son opération, pour mieux l'évoluer. Naturelle en traitement de connaissance, la gouvernance reste théorique en traitement d'information, où, au mieux, des humains tentent de veiller au grain en se donnant des directives et indicateurs qu'ils gèrent essentiellement manuellement.

Le nombre, la complexité et l'évolution des ressources ne permettent cependant pas une gouvernance effective sans gestion systématique des relations qualifiées, intégrant les indicateurs dynamiques, avec les mécanismes d'ajustement et de pondération, appropriés, sous contrôle informatique intelligent.

La modélisation et gestion dynamique des relations qualifiées peut permettre aux types d'applications existants d'aborder une gouvernance systématique.

7.1.1.4 INTÉGRATION

L'intégration des données constitue un aspect déterminant, un fondement, pour l'intégration des applications et des marchés.

Traitement d'information et traitement de connaissance diffèrent dans leurs approches. Considérer ces différences montre les voies d'impact en intégration :

7.1.1.4.1 INFORMATION

Aujourd'hui, dans les organisations, chaque application détermine les données et formats qu'elle utilise, selon ses divers cas d'usage.

Entre paires d'applications, on installe des transformations, ETLs (Extract, Transform, Load) par exemple, soit une tierce application configurée pour adapter les données de la première application, pour la seconde.

Dans une grande organisation, par exemple, on peut retrouver des centaines de milliers d'applications en usage, mais où sont les données d'entreprise? En quel format sont-elles? Quand sont-elles protégées ou moins?

De plus, tout change continuellement et les transformations doivent être adaptées à chaque évolution administrative, technique, ou logicielle.

Des humains bien expérimentés sont responsables de ce travail manuel, sur mesure et doivent, en principe, aussi maintenir la documentation à jour …

Dans un tel contexte, l'intégration présente un défi perpétuel et constitue un objectif souhaitable, dispendieux et typiquement inatteignable.

Beaucoup se tournent vers des outils de virtualisation des données :

- **Accès** : une couche applicative de virtualisation des données est ajoutée entre les données effectives et une vue adaptée aux requêtes d'utilisation
- **Modèle** : Un modèle de données maître (MDM) offre aux architectes d'entreprise, une vue des données canoniques de l'organisation

Plusieurs organisations utilisent les deux. Dans les deux cas, laborieusement développées et, en principe maintenues à jour, chacune de ces vues :

- Ajoute une nouvelle couche applicative sur les données effectives
- Contribue à multiplier les applications, interfaces et transformations
- Élève la complexité globale au carré
- Systèmes, applications et données ne sont pas effectivement intégrés
- La vue reste un cliché des données à un point dans le temps
- Gestion de la correspondance entre la vue et les données
- Peu d'impact intégrant ou effectivement structurant
- Nuit à l'efficacité et à la gouvernance

7.1.1.4.2 CONNAISSANCE

Le modèle de traitement présenté, avec ses ressources, traiteurs, bagages, archétypes, relations, métabolisme, flux, réflexes, classification, qualification, pipelines de traitement, etc., reflète le modèle naturel de la connaissance évolué et structuré par la nature, sur des milliards d'années.

La connaissance constitue la base opérationnelle de tout et donc des humains. Son modèle n'est un accessoire ni une option, c'est le fondement.

De là, sa compréhension semble essentielle et pleine d'enseignement stratégique. Sans connaissance et donc sans intelligence, rien n'est possible. Au contraire, la connaissance a permis tout ce qui existe et permet bien plus encore. On ne peut inventer mieux, mais avec la connaissance, tout devient possible.

Le traitement de connaissance proposé vise à permettre aux systèmes de collaborer avec intelligence, avec les humains. Les impacts du traitement de connaissance sur les systèmes et applications sont de l'ordre du changement de paradigme.

La gestion d'archétypes et son impact comme fondement de structure ontologique naturelle et générique, intégrant, contextualisant et qualifiant les relations, comportements et interactions entre les ressources de connaissance, offre une infinité de ramifications affectant la conception et le développement d'applications, que ce soit des types d'application courants, émergeants ou éventuels.

Traiter la connaissance évolue les échelles de valeurs, les priorités, tout en rendant possible ce qui ne peut l'être autrement.

Toutes les activités humaines et tous les types d'application existants peuvent en tirer avantage, de bien des façons.

LA CONNAISSANCE CRÉE ET UTILISE L'INFORMATION
ELLE EN DÉTERMINE LE SENS

7.1.1.5 COHÉRENCE

Les traiteurs, à travers le métabolisme continu de leur bagage de connaissance, assurent la cohérence et l'uniformité[xviii] des données, processus, systèmes.

Essentielles à la communication et à la prise de décision efficaces, cohérence et uniformité contribuent à la clarté, à la crédibilité et à la fiabilité des données et systèmes.

Responsable d'assurer sa cohérence et celle de son bagage de connaissance, le traiteur de connaissance doit ainsi :

- Gérer archétypes et métadonnées
- Assurer la gouvernance dynamique
- Historiciser les opérations
- Valider, corréler, optimiser les ressources
- Assurer l'intégrité des données, opérations
- Gérer, suivre et évoluer les relations qualifiées
- Remplacer redondance et duplication par la référence
- Assurer la gestion étendue des contextes transactionnels
- Valider la structure du modèle et ses processus d'intégration
- Intégrer sécurité et classification dynamique au cœur des ressources
- Assurer la granularité illimitée de ses données, contextes et traitements
- Assurer le traitement systématique des flux externes
- Contrôler l'accès structuré et sécurisé aux données et ressources

Par contre, le traitement d'information accentue complexité et risque d'incohérence en multipliant les silos, données, formats, transformations et redondances, alors que la cohérence, l'intégration et la gouvernance restent assurées manuellement et arbitrairement, par des humains.

La complexité moins contrôlée des environnements et systèmes confronte ces derniers à d'importants défis de cohérence et d'uniformité, de façon particulièrement critique au niveau des données, comme de chercher la « source autoritaire » d'une donnée, à partir d'une instance, par exemple.

La cohérence et l'uniformité du traitement de connaissance présente d'importants avantages pour évoluer les types d'application existant.

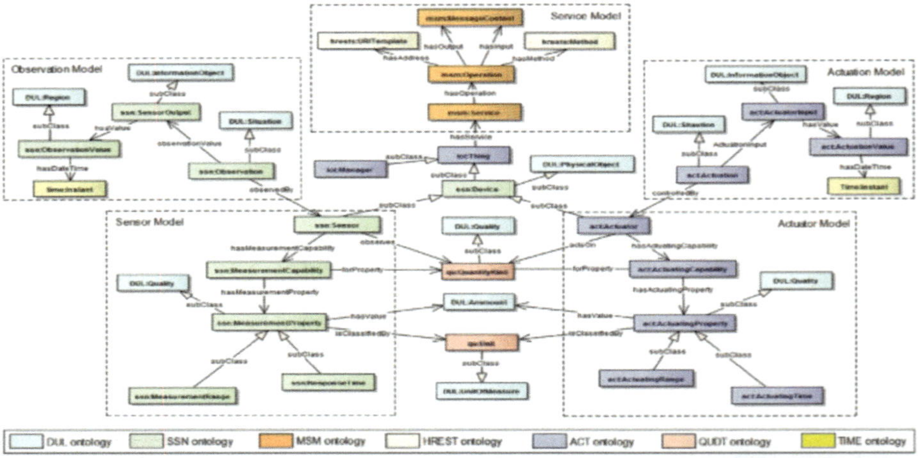

7.1.1.6 Ontologie

L'ontologie vise à identifier et corréler les structures du réel, leurs relations, leur organisation, leurs réseaux et hiérarchies.

Pour le traitement de connaissance, l'ontologie cherche à définir les archétypes, ressources et relations qualifiées qui structurent la connaissance.

Alors que l'intelligence est l'habileté à traiter la connaissance, et que celle-ci dépend de l'identification de ses ressources, l'ontologie identifie ce que l'intelligence traite. La complémentarité est frappante.

Pour l'instant, la différence tient surtout du fait que traiter la connaissance requiert l'arrimage avec les phénomènes naturels qui la régisse, alors que les développements ontologiques actuels semblent souvent arbitraire, manquant d'ancrage et d'intégration. L'ontologie reste surtout ancrée à divers comités et leurs consensus de compromis. Trop sensibles aux biais humains, les résultats posent des défis de compatibilité importants.

La nature a développé un excellent modèle qui, lorsqu'il est bien compris, fourni les fondements requis pour mieux ancrer l'ontologie.

L'ontologie est intuitive, subconsciente. Chacun sent très bien la différence et les relations qualifiées entre la chaise et la table, par exemple. Instancier les systèmes intelligents, du rêve à la réalité, exige requiert spécificité.

L'intégration des efforts ontologiques à ceux du traitement de connaissance peut fournir un éclairage mutuel et permettent d'optimiser l'apprentissage et la gestion du savoir.

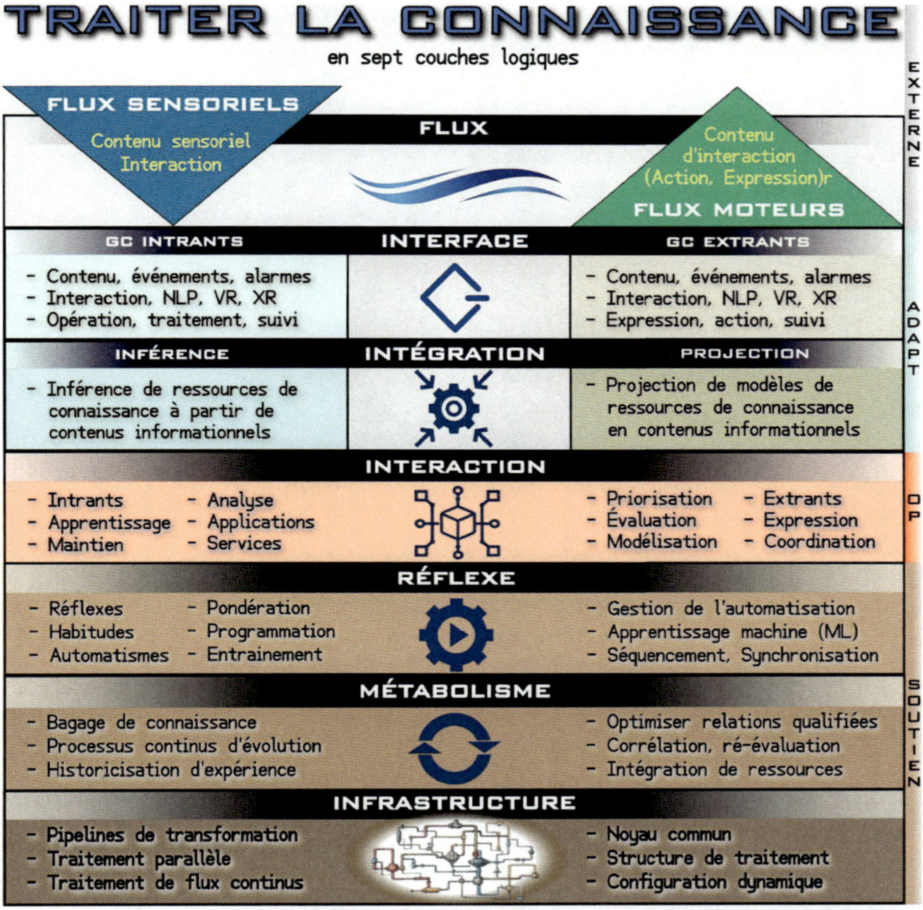

7.1.2 Nouveau

Traiter la connaissance permet de développer de nouvelles solutions pour:

- Des problèmes applicatifs existants
- De nouveaux types d'applications :
  - Souhaités, mais inaccessibles au traitement d'information
  - Technologies nouvelles ou émergentes en traitement de connaissance

La section présente quelques exemples et considérations sur :

1. ML: Apprentissage système	4. Robotique
2. NLP/LLM: Traitement de langage naturel	5. Collaboration
3. VR: Réalité virtuelle ou mixte (XR)	6. Infrastructure

7.1.2.1 ML

L'apprentissage machine (Machine Learning – ML), grand volet de l'IA actuelle, représente une approche intéressante, où un système d'envergure analyse une masse d'information spécialisée, sous supervision humaine, pour apprendre à développer certains automatismes sophistiqués.

Le conducteur autonome de Tesla (FSD), résulte de l'analyse de plus de 3 milliards de kilomètres de conduite routière, sur vidéo et les données consenties de millions de véhicules, pour apprendre à conduire.

Les résultats impressionnent, se téléchargent dans les véhicules et, statistiquement, conduisent avec moins d'accidents et de dommages que ne le font les humains. Ce projet intéressant et innovateur n'est pas à la portée de toutes les bourses. Déjà calculé en centaines de milliards USD, le projet pourrait atteindre le trilliard. On parle clairement d'IA massive, ainsi que de consommation d'eau et d'électricité tout aussi massives.

L'apprentissage machine permet au système de trier certaines formes d'information de façon raffinée et performante. Le système n'a pas d'intelligence ou de raison, sauf peut-être en apparence, mais plutôt des automatismes sophistiqués.

En traitement de connaissance, le ML et certaines de ses techniques, peuvent potentiellement s'intégrer à diverses opérations des traiteurs de connaissance artificiels, particulièrement autour du conditionnement de réflexes et automatismes, par exemple.

Le traitement de connaissance peut aussi contribuer à enrichir les applications d'apprentissage machine, comme par : encadrement, sémantique, granularité, jugement, auto-correction, métabolisme, par exemple.

Le taux d'erreur moyen de l'IA reste relativement élevé, à environ 15% dans de bonnes conditions. Chaque réponse a une portion d'erreur qui ne peut être détecté que par ceux connaissent la bonne réponse, mais dans ce cas, l'utilité de l'IA laisse perplexe. Cette IA devrait-elle gérer les activités humaines?

7.1.2.2 NLP

Le traitement de langage naturel (« Natural Language Processing » NLP et l'apprentissage machine sont des piliers de l'IA aujourd'hui. Les LLMs « Large Langage Models ») et l'IA générative représentent des couches successives de spécialisation.

Alors que l'apprentissage machine vise à permettre aux systèmes d'apprendre, les NLP, LLM et IA générative sont tournés vers l'interprétation des langages naturels.

Aujourd'hui, les plus populaires de ces IA incluent Grok, Claude, ChatGPT.

Les langages naturels sont naturels parce qu'intuitifs et subconscients. De ce fait ils occupent une place importante dans la communication humaine verbale et écrite. Évolués de conventions et de longues traditions, ce sont des outils complexes, relativement arbitraires, façonnés par l'usage et construits sur des prérequis de connaissance assumés.

Le traitement de langages naturel (NLP) vise d'abord à permettre aux systèmes de communiquer plus directement avec les humains. Ces applications servent aussi la traduction, l'analyse et la correction de documents et l'aide à la rédaction.

Pour le traitement de connaissance, le traitement de langage naturel fourni des interfaces stratégiques.

Alors que l'approche des LLMs et de l'IA générative se fondent sur la prévision statistique du « prochain mot », le traitement de connaissance permet d'utiliser un contenu plus signifiant et nuancé, n'étant pas restreint à une partie de l'information disponible sur Internet, mais aussi et surtout peut-être, sur l'expérience de chaque traiteur, son bagage de connaissance et l'évaluation des réseaux de relations qualifiées.

LA DESCRIPTION N'EST PAS CE QUI EST DÉCRIT

JIDDU KRISHNAMURTI

7.1.2.3 Réalité virtuelle

Comme pour les langages naturels, la réalité virtuelle offre aux systèmes intelligents, des interfaces de communication multimédia adaptées aux humains.

L'expression réalité virtuelle inclut ici différentes formes		
VR	**Réalité virtuelle**	représentation multimédia d'une réalité, ex. 3D
AR	**Réalité augmentée**	ajoute des éléments virtuels à une réalité physique
XR	**Réalité mixte**	combine réalité virtuelle, physique et augmentée

Aujourd'hui, on retrouve des applications de réalité virtuelle dans des :

- Jeux et divertissements, comme World of Warcraft
- Applications industrielles, médicales et militaires :
  - Drones et véhicules télécommandés ou autonomes
  - Visualisation et contrôle
  - Simulation et formation
- Réseaux sociaux en réalité virtuelle comme SecondLife

La technologie de soutien de réalité virtuelle se développe depuis plusieurs décennies déjà. Le réseau social SecondLife opère, en ligne, un univers 3D interactif, avec des millions d'utilisateurs, depuis 1986.

La technologie de réalité virtuelle continue à évoluer. Les applications de réalité virtuelle demeurent cependant relativement marginales ou marquées par d'importants échecs d'affaires, comme le Metaverse de Meta.

Ces échecs ou latences semblent reliés à :

- **Sécurité** : Absence de fonctionnalités, due au manque de sécurité de partage
- **Matérialisme** : Investissements sur les outils plutôt que les contenus
- **Intelligence** : Jolie façade, où l'intelligence système n'est pas au rendez-vous
- **Créativité** : Limitée par les points précédents et des contraintes sociales

Les marchés, produits et services soutenus par une plateforme intelligente sécurisée, combinant réalité virtuelle, langages naturels et traitement de connaissance, appuyés par une conception appropriée, offre des avantages.

Traiter la connaissance reste un prérequis à l'épanouissement durable de riches interfaces de réalité virtuelle interactive entre traiteurs naturels et artificiels.

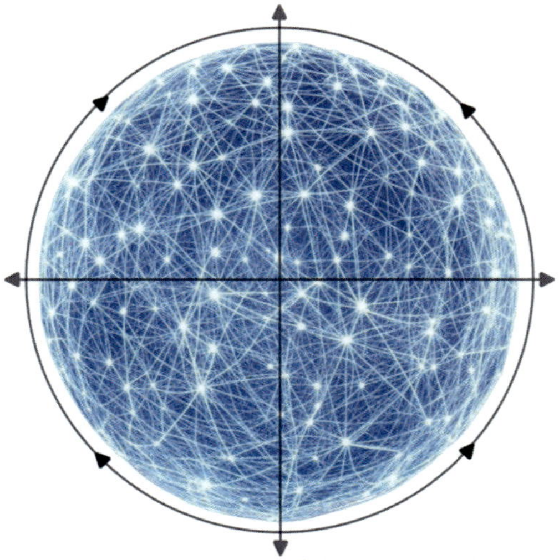

7.1.2.4 NAVIGATION

Naviguer le savoir, spatialement, en trois dimensions, interactivement, constitue un nouveau type d'applications, une spécialisation de réalité virtuelle, servant l'apprentissage, la validation et le suivi, où il devient possible de représenter et de naviguer interactivement cette représentation virtuelle de ressources, de savoir, de bagages de connaissance.

On peut ainsi, en réalité virtuelle, naviguer et interagir avec la représentation de réseaux de ressources de connaissance qui sont :

- **Modélisés** et représentés sans limite de granularité ou de perspective
- **Alimentés** en temps réel, directement des ressources visées
- **Navigués** sur trois axes logiques structurants, comme :
  - **Causalité** : naviguer sur les chaînes de cause à effet (fondamentalité)
  - **Structure** : naviguer sur les relations structurelles (raffinement)
  - **Ontologie** : naviguer sur les chaînes thématiques (sémantique)

Dans la représentation en réalité virtuelle, à travers son avatar, chaque traiteur peut naviguer et expérimenter interactivement les ressources ou des bagages de connaissance modélisés, naviguant spatialement et logiquement, par thème (ontologie), par structure (raffinement), et par causalité (cause/effet), pour apprendre, comprendre, partager et collaborer.

Les relations qualifiées sont cruciales pour représenter, naviguer et interagir avec une granularité et sophistication, en principe, illimitées.

7.1.2.5 Robotique

Les types de robots sont variés. Ils sont considérés ici groupés selon leur mode d'interface avec leurs environnements. On retrouve la robotique :

TYPES DE ROBOTS	
VIRTUELLE	dialogueurs (chatbots), automatismes programmables, agents, applications, robots en-ligne, gestion réseau intégrée
INSTALLÉE	robots industriels, sans déplacement autonome, espaces réflexe importants, plateformes de collaboration intelligentes,…
MOBILE	robots mobiles, conduite autonome, robots de distribution, drones, véhicules « intelligents », robots injectables, …
BIOMIMÉTIQUE	robots mobiles, autonomes, se déplaçant comme des humains, animaux, insectes, ou autres, caractérisés par d'importants besoins d'interfaces humain/système et de modes d'opération sophistiqués

DÉVELOPPER DES SYSTÈMES INTELLIGENTS POUR COLLABORER ET SOUTENIR LES HUMAINS À MIEUX CONTRIBUER À L'ÉVOLUTION

Permettre aux robots/systèmes intelligents de traiter la connaissance, avantage à la fois les robots, leurs partenaires et leurs écosystèmes.

Typiquement, la robotique multiplie les flux sensoriels et moteurs à traiter, ainsi que les réflexes acquis, imbriqués en couches d'abstraction. La capacité d'apprentissage des robots, ainsi que l'optimisation continue de leur bagage de connaissance contribue à assurer leur utilité et leur durée de vie. L'interaction avec les humains reste un aspect déterminant pour la majorité des robots.

Les besoins d'intelligence, des robots, réseaux et systèmes, n'ont pas de limites et continueront d'évoluer, en fonction de la compréhension humaine, du savoir, de l'intelligence, de leur opération et de leur sens.

RELATION ENTRE HUMAINS ET SYSTÈMES/ROBOTS INTELLIGENTS

TYPE DE RELATION	DESCRIPTION	CAS D'UTILISATION
Travailleurs-Outils	La machine au service des humains	Cas actuel
Esclaves-Maîtres	la machine domine, l'humain sert	Cas globaliste
Collaborateurs	Les robots et systèmes intelligents et évolutifs collaborent avec les humains dans leur contribution à l'évolution	Cas idéal. recommandé

Dans tous les cas, la gestion et la résolution de la complexité requiert la modélisation et la gestion systématiques des relations qualifiées car ce sont elles qui reflètent la structure de la réalité et en permettent l'évolution.

7.1.2.6 Collaboration

La collaboration est le principal facteur de productivité. La productivité collaborative a deux principaux types de conséquences :

Prospérité	Solidarité
Conséquence de la productivité accrue	Conséquence de l'effort partagé

Les réalisations humaines témoignent du pouvoir de la collaboration. Pourtant, aujourd'hui encore, le statut du développement de la collaboration reste :

COLLABORATION ENTRE	STATUT
Systèmes	Arbitraire
Humains et systèmes intelligents	Balbutiante
Humains	À développer

Principal facteur de productivité, la collaboration contribue à évoluer la connaissance, l'intelligence, la prospérité et la solidarité des collaborateurs. Pourtant la collaboration reste sous-estimée, sous-utilisée et sous-comprise.

À une époque où l'économie industrielle automatise ses opérations, réduisant sa dépendance au travail humain, la collaboration constitue le seul fondement effectif d'une économie du savoir émergente complémentaire.

Plusieurs facteurs peuvent freiner la collaboration, comme l'éducation et les échelles de valeur, mais le plus important est le manque de sécurité, qui prive prive de la confiance indispensable à la collaboration.

La sécurité requise pour supporter la collaboration fondement d'une économie du savoir est particulièrement sophistiquée, requérant le support de systèmes effectivement intelligents, capables de gérer efficacement la complexité et les réseaux de ressources de connaissance impliqués.

Gestion des identités, droits, actifs, contextes, réseaux, configurations, suivi et classification dynamique représentent quelques aspects de cette complexité. Pourtant, la survie même de l'espèce humaine pourrait en dépendre.

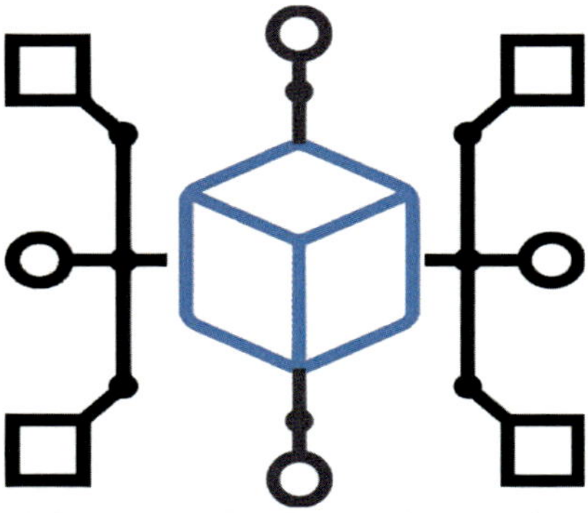

7.1.2.7 INFRASTRUCTURE

Parmi les systèmes intelligents qui prennent de multiples formes, en robotique, en industrie, en ligne on doit compter aussi les infrastructures effectivement intelligentes adaptées comme des plateformes de collaboration multimédia sécurisées, offrant un soutien évolué aux collaborateurs.

Normées, sécurisées, transactionnelles, encadrées légalement et éthiquement, supportant créativité, formation, société, activité et travail collaboratifs, de telles plateformes peuvent être un important moteur de prospérité, de solidarité, d'innovation, ainsi qu'une clé de voûte d'une économie du savoir.

Traiteur de connaissance d'envergure, intégrant flexibilité et gouvernance au sein même des ressources qu'elle gère, une telle plateforme de collaboration transactionnelle sécurisée, peut soutenir :

- Une place de marché du savoir comme fondement d'une réelle économie du savoir[xix], où chacun peut être collaborer et partager comme fournisseur ou consommateur de ressources et artefacts
- La formation, la recherche, l'innovation, le développement et la création, dans l'économie du savoir
- L'exercice d'une démocratie citoyenne effective où chaque citoyen peut participer directement aux opérations législatives ou démocratiques

Voir 8.2 Prototype.

PENSER TRAITE LA CONNAISSANCE

7.2 Collectifs

La section précédente considérait des conséquences applicatives de traiter le savoir. L'introduction de ces nouveaux types d'applications et possibilités impacte l'ensemble de la collectivité et de son opération.

Ces impacts collectifs résultent d'une progression naturelle, du traitement de connaissance, de ses applications et des conséquences de leurs impacts. Il semble crucial de considérer cette évolution au plus tôt, pour pouvoir mieux influencer son déroulement.

Ainsi, comme le suggérait justement R. Buckminster Fuller, chacun peut évoluer ses habitudes et pratiques, accroissant progressivement sa productivité et les avantages qu'il peut tirer des nouvelles capacités.

La qualité de la conception et de la réalisation reste déterminante, pour mieux assurer le succès durable d'un tel changement de paradigme.

La section considère des effets collectifs potentiels d'une transition progressive au traitement de connaissance, parce que cette transition vise à assurer la prospérité et la solidarité durables, pour les humains, les systèmes intelligents et les écosystèmes.

Les impacts sont considérés ici en fonction de cibles potentielles, comme :

1. Éthique
2. Nature
3. Technologie
4. Société
5. Économie

Pour référence, en rappel, le tableau ci-dessous regroupe des aspects du traitement de connaissance favorisant des impacts collectifs durables :

TRAITER LE SAVOIR FACTEURS D'IMPACTS COLLECTIFS
NATURE • L'intelligence qualifie l'opération de traiter la connaissance • Connaissance et intelligence sont deux facettes d'un phénomène naturel fondamental qui offre un modèle optimal éprouvé, pour les traiter • Connaissance et intelligence sont relationnelles et la gestion systématique des relations qualifiées est au cœur de leur opération • La gestion des relations qualifiées entre ressources permet de mieux gérer la complexité, dont assurer la sécurité et la gouvernance
OPÉRATION • La connaissance se modélise, se structure, et se traite de façon générique et naturelle • La connaissance peut être représentée et traitée informatiquement, dans les limites de compréhension de sa nature, structure et opération • Sécurité, gouvernance et évolution sont intrinsèques à la connaissance • La communication est un outil de collaboration qui sert à l'échange et au partage d'artefacts entre traiteurs de connaissance • L'information est un outil de communication • La conception et la réalisation de systèmes qui traitent effectivement la connaissance, ont été montrées, voir 8.2 Prototype
CADRE • La morale, l'éthique, la compréhension du bien et de son sens, peuvent et doivent être inscrits dans les gènes des systèmes intelligents • Des normes et lois, ajustées et nouvelles, sont requises pour assurer interopérabilité, conformité, sécurité, gouvernance et prospérité • Les systèmes intelligents sont des collaborateurs précieux pour les humains, s'inscrivant dans une contribution commune à l'évolution (sens) • Les systèmes intelligents apprennent, se perfectionnent et évoluent, guidés par leurs échelles de valeur, bagage de connaissance et expérience respectifs
MARCHÉ • Des plateformes de collaboration sécurisées, intelligentes, multimédia, transactionnelles soutiennent l'opération de l'économie du savoir, pour assurer prospérité et solidarité durables, pour des générations

7.2.1 Nature

Traiter la connaissance plutôt que l'information affecte la nature et l'environnement, sur deux principaux axes :

- **Transition**
  Pour assurer le complément et la relève de l'économie industrielle saturée, en tant que principale source de prospérité pour les humains, la transition développe une économie du savoir prospère.

  La transition minimise les coûts écologiques, en exploitant les inépuisables ressources de connaissance de source humaine, plutôt que les ressources physiques planétaires plus limitées et dont l'extraction est souvent plus conséquente pour l'écosystème.

  La transition propose aussi une meilleure répartition des traitements et donc des ressources énergétiques, aquatiques ou de refroidissement requises.

- **Collaboration**
  Inscrite dans la nature et le sens de l'existence, ainsi que première source de productivité, de prospérité et de solidarité, la collaboration, entre humains et systèmes intelligents, permet d'optimiser la compréhension, le développement et la gestion de la contribution humaine à l'évolution.

7.2.2 Technologie

Traiter la connaissance plutôt que l'information affecte profondément la technologie, son développement, son application et sa répartition.

Les impacts applicatifs, considérés plus haut, témoignent aussi de l'évolution du traitement de connaissance, à travers la transition. Alors que les systèmes existants continuent à opérer normalement, de nouveaux modèles de pensée, de conception et d'architecture, émergent.

Héritiers du cadre opérationnel structuré, éprouvé, naturel, du traitement de connaissance, des systèmes plus productifs et répartis se développent et traitent la connaissance plutôt que de l'information seulement.

L'évolution des modèles permet de nouveaux types d'applications gérant mieux la complexité. Sécurité, collaboration, traitement de connaissance et systèmes intelligents font faire un saut quantique à la technologie.

Traitant la connaissance, la nouvelle technologie influence tous les domaines d'applications, scientifiques, industriels, commerciaux, culturels, éducatifs, démocratiques, virtuels, gestion, intégration, sécurité, gouvernance, ontologie.

7.2.3 SOCIÉTÉ

Traiter la connaissance plutôt que juste l'information impacte la société, les sphères sociales et leurs opération, incluant pour des domaines comme la santé et les soins, par exemple..

Plusieurs aspects du traitement de connaissance contribuent aux impacts sociaux de la transition.

Ces facteurs incluent :

- Développer la prospérité et la solidarité durables, par la collaboration et la croissance de productivité associée
- Permettre d'améliorer des applications sociales existantes
- Permettre de développer de nouveaux types d'applications à impact social
- Offrir une sécurité intrinsèque, pour sécuriser collaboration et partage
- Permettre la classification et gestion des droits dynamiques, à granularité illimitée, pour une sécurité profonde, adaptée, subtile, couvrant mieux la complexité et les importants besoins applicatifs sociaux
- Permettre aux systèmes de mieux comprendre et traiter la connaissance
- Permettre une gouvernance dynamique, intégrée et adaptée aux besoins
- Fournir l'intelligence effective, les interfaces avancées et le traitement de connaissance pour permettre et favoriser des échanges plus profonds entre humains et systèmes, ainsi qu'entre humains
- Contribuer au développement et à l'accès à l'éducation et au savoir
- Permettre aux citoyens de contribuer directement et sécuritairement à l'exercice de la démocratie et de l'opération de l'État
- Permettre l'économie du savoir complémente et remplace l'économie industrielle saturée et en décroissance d'emploi et de prospérité
- Favoriser l'équilibre, la complémentarité et la collaboration entre humains, systèmes intelligents et écosystèmes
- Fournir des ressources : architecture, principes, ontologie, modèles, fondées sur des phénomènes structurants : connaissance, intelligence
- Mieux gérer la complexité, comme en traitant les relations qualifiées

Les sous-sections suivantes, considèrent certains aspects d'impacts sociaux, typiquement associés à ces facteurs.

7.2.3.1 HARMONIE

Traiter la connaissance permet d'orienter et intégrer des systèmes en collaborateurs intelligents aux activités humaines, ce qui permet d'importants impacts sociaux.

L'équilibre de la relation entre humains et systèmes intelligents, ainsi que la qualité de leur effet sur la société et sur l'écosystème, présentent des défis intéressants pour les humains, puisqu'ils en ont la responsabilité exclusive.

Avant tout, l'intention, et donc l'échelle de valeur et le code d'éthique qui la soutiennent sont déterminants, à tout point de vue.

Le modèle naturel de traitement de connaissance et la collaboration humains-systèmes définissent l'intention et le fondement du code d'éthique et de l'opération d'intelligence virtuelle effective, pour permettre d'optimiser la contribution humaine à l'évolution.

L'harmonie de la relation et de la collaboration entre humains et systèmes dépend du modèle d'opération et de l'intention qui l'encadre. Cette harmonie offre à la fois les meilleurs résultats, la plus grande productivité et la plus profonde solidarité.

Les étapes et conditions de développement de cette harmonie comprennent :

- Communauté des intentions
- Modèle naturel éprouvé et adéquat
- Encadrement approprié : code d'éthique, échelle de valeur, normes
- Noyau commun normé et formation structurée
- Congruence avec le modèle naturel

L'harmonie de la relation humain/système-intelligent impacte tout ce qu'humains et systèmes touchent dont justice, paix sociale et développement.

**... ET SI LES SYSTÈMES POUVAIENT PENSER,
TRAITER LA CONNAISSANCE, PAS SEULEMENT L'INFORMATION
COMME LES HUMAINS, COLLABORANT AVEC EUX À L'ÉVOLUTION?**

GROK XAI

En traitement de connaissance, l'équilibre optimal dans la relation humain-système peut être considéré selon des aspects clés de la relation, dont :

Aspect	Description
Intention	• Collaboration humains-systèmes pour mieux évoluer • Arrimer à la logique et au modèle naturels • Collaborer optimise productivité et solidarité • Similitude et compatibilité des objectifs
Habileté	Naturellement, les rôles s'organisent autour des habiletés spécifiques respectives, optimisées pour mieux collaborer : • Les humains conçoivent les systèmes, justement pour collaborer avec eux à mieux contribuer à l'évolution • Par définition, nature et histoire, l'intelligence humaine est sophistiquée, sensible, intuitive, imaginative, créative, branchée sur la collectivité et son environnement • Les systèmes peuvent traiter et corréler efficacement de vastes quantités de ressources, ou réaliser ce qui serait des prouesses opérationnelles pour des humains • Traiteurs humains et systèmes collaborent et contribuent chacun au bonheur et à la réalisation de l'autre
Interface	L'évolution des interfaces humain/système, constitue un facteur important pour la relation humain/système et ses impacts sociaux. Les interfaces sophistiquées des traiteurs artificiels permettent des échanges riches et subtils

Confiance	La confiance mutuelle est un fondement indispensable aux relations fructueuses entre humains et systèmes.
	Sa pénurie draine les ressources, la productivité, la prospérité et la solidarité. Et la trahison ruine confiance et collaboration.
	La confiance se construit au fil des partages, et :
	• un code d'éthique commun adapté
	• des ententes et termes clairs
	• le respect des ententes et conventions soutenu par :
	    ○ la gestion de la sécurité et de la confidentialité
	    ○ les normes (systèmes) et les lois (humains), associées
	• l'accès mutuel aux ressources de connaissance traitées
	• l'enregistrement des interactions

IL EST DÉSORMAIS POSSIBLE DE PRENDRE SOIN DE TOUS LES HABITANTS DE LA PLANÈTE EN LEUR OFFRANT UN NIVEAU DE VIE SUPÉRIEUR À TOUT CE QUI A ÉTÉ CONNU JUSQU'À PRÉSENT. ON A PLUS À CHOISIR ENTRE VOUS ET MOI. L'ÉGOÏSME N'A PLUS SA PLACE. LA GUERRE EST OBSOLÈTE. IL N'Y A QU'À CONVERTIR LA TECHNOLOGIE DES ARMES À CELLE DE LA VIE.

RICHARD BUCKMINSTER FULLER

7.2.3.2 QUALITÉ

En gérant les relations qualifiées, avec le traitement continu des flux sensoriels, moteurs et métaboliques, ainsi qu'avec son architecture naturelle, traiter informatiquement la connaissance évolue la qualité et impacte :

- IA
- Opérations informatiques
- Cohérence d'intégration
- Ontologie et bases de référence
- Applications soit :
  - Existantes, en manque d'intégration, gouvernance, flexibilité
  - Limitées, aspects non résolus, comme en sécurité, par exemple
  - De nouveaux types d'applications et de solutions
- Sécurité des données, contenus, partage et traitements
- Collaboration entre traiteurs naturels et artificiels
- Équilibre, complémentarité entre traiteurs naturels et artificiels
- Cadre : éthique, valeurs, ontologie, noyau commun, références, normes
- Formation mieux informée, structurée et intégrée
- Accès à la formation, avec une plateforme intelligente de collaboration
- Économie, en particulier en favorisant l'économie du savoir :
  - Qualité et pertinence du travail
  - Prospérité durable
  - Meilleure répartition de la richesse et des responsabilités
- Vie et société, en collaboration, développement et solidarité

Le traitement de connaissance permet d'améliorer la qualité de vie des humains, dans le respect de l'écosystème, particulièrement en intégrant et collaborant avec des systèmes de plus en plus intelligents.

7.2.3.3 Formation

Traiter la connaissance impacte éducation et formation, au niveau des :

Programme : Approches, contenus	**Rôle** : Éducation, formation

CE QUE JE NE PEUX CRÉER, JE NE LE COMPRENDS PAS

RICHARD FEYNMAN

7.2.3.3.1 Programme

Les formations technologiques et scientifiques s'enrichissent et mettent à jour leurs contenus, particulièrement sur tout ce qui touche, par exemple :

Connaissance	Classification	Éthique	IA	Inférence
Informatique	Intelligence	Modélisation	Ontologie	Pensée
Phénomène	Projection	Qualification	Relation	Sécurité

Favorisant l'évolution des savoirs, solutions et technologies, offrant une sécurité en profondeur des contenus, partages, infrastructures et plateformes de collaboration intelligentes, traiter la connaissance impacte les programmes, méthodes, approches et canaux de formation.

7.2.3.3.2 Rôle

La formation des traiteurs humains et systèmes, sous toutes formes, constitue un pilier de l'économie du savoir, car, formant la pensée, elle :

- Prépare au marché travail et à la vie sociale
- S'intègre au travail et aux activités, des humains et systèmes intelligents

NOUS SOMMES CONFRONTÉS AU FAIT PARADOXAL QUE L'INSTRUCTION EST DEVENUE L'UN DES PRINCIPAUX OBSTACLES À L'INTELLIGENCE ET À LA LIBERTÉ DE PENSER

BERTRAND RUSSELL

Tout au long de la vie du traiteur, la formation combine expérience et apprentissage pour optimiser l'acquisition de connaissance. Un des moteurs de l'économie du savoir, la formation est collaboration et partage de connaissance, alimentant activité, opération, traitement, innovation, prospérité.

7.2.3.4 DÉMOCRATIE

Traiter la connaissance impacte l'exercice de la démocratie.

Le cas, par exemple, de l'exercice d'une démocratie citoyenne participative où les citoyens peuvent collaborer activement, avec leurs représentants, aux activités législatives et administratives de leur gouvernement.

Une plateforme de collaboration intelligente, adaptée et sécurisée, par exemple, permet à chaque citoyen de suivre et contribuer aux travaux, gérer ses contributions en toute sécurité.

À travers la plateforme, les représentants et leurs conseillers guident, instruisent et soutiennent ceux qu'ils représentent, les citoyens.

La plateforme soutien les collaborateurs, assure la sécurité appropriée et une démocratie équitable où, par exemple, le poids décisionnel des représentants est à l'inverse de la participation effective des citoyens. Ainsi, par exemple, si 80% des citoyens s'expriment directement (votent) sur un élément, la voix des représentants est limitée à 20%. Les principes de répartition ou de structure de l'opération démocratique sont dynamiquement adaptés aux choix et besoins.

La plateforme effectivement intelligente soutient, informe, assiste, gère, coordonne, sécurise, trace, enregistre, contribue et facilite la collaboration. Dans un tel contexte, par exemple, plusieurs niveaux d'opération des domaines politiques, gouvernementaux ou administratifs et même de justice, peuvent être impactés et amenés à évoluer et à s'adapter.

Les effets sur l'exercice de la démocratie relèvent particulièrement du soutien à la collaboration, à la sécurité accrue rendue possible par la classification dynamique et à la gestion des relations qualifiées qui permet de mieux gérer la complexité effective.

Les impacts socio-économiques peuvent être multi-générationnels.

7.2.3.5 Valeurs

Les impacts de l'évolution des échelles de valeurs sont possiblement les impacts les plus profonds du traitement de connaissance, parce que ces échelles sont si déterminantes sur l'ensemble des activités. La connaissance reste au centre des vies, pensées et opérations.

Mieux comprendre la connaissance et l'intelligence, permet d'en réaliser et opérer des versions « artificielles », assurant que chaque traiteur puisse évoluer sa connaissance et son intelligence en apprenant de son expérience.

En fait, une prise de conscience importante semble requise, mais encore peu commune. Combiner les compréhensions intellectuelles et intuitives de la connaissance et de son opération offre la perspective nécessaire pour les artificialiser effectivement.

À travers cette compréhension hybride, la connaissance devient le fondement des échelles de valeurs. Des échelles de valeurs adaptées à la réalité et optimisées pour en tirer le meilleur parti, alors que la connaissance en modélise justement la structure.

Dans un contexte strictement causal et relatif, l'évolution développe la connaissance en continu, définit le sens de l'existence, et constitue le socle de toute échelle de valeurs. Les grands volets de l'opération de la connaissance constituent des piliers structurels des échelles de valeur évoluées, comme la primauté de la collaboration, du savoir, de l'apprentissage et de l'expression, par exemple. Les fondements d'une échelle de valeur globale ou racine commencent avec :

SAVOIR	Connaissance, intelligence, collaboration
AVOIR	Productivité, prospérité, solidarité, répartition
STRUCTURE	Sens de l'existence, équilibre, réseaux, répartition
NATURE	Modèles, phénomènes naturels, écosystème global
GESTION	Sécurité, partage, gouvernance, relations
CRÉATION	Imagination, création, innovation, invention
ÉQUILIBRE	Partenariat humain-système, valorisation, marché du savoir
SOCIÉTÉ	Collaboration, administration publique, démocratie citoyenne

7.2.4 Économie

Traiter la connaissance artificielle affecte directement et indirectement divers aspects de l'économie, comme :

Traiter le savoir impacte :	
Marché	Collaboratifs, industriels, spécialisés, savoirs
Application	Collaboration, intelligence, communication, société, démocratie, santé, XR, IA, robotique, navigation de données
Productivité	Nouvelles approches, collaboration humains-systèmes
Sécurité	Vie privée et sécurité qualifiées intégrées au cœur des ressources et opérations, classification dynamique
Prospérité	Nouveaux marchés, collaboration, productivité
Solidarité	Fruit de la collaboration et du partage équitable, la solidarité a des effets économiques directs et indirects

L'économie industrielle, aujourd'hui enrichie par ses technologies d'information, a permis aux humains d'importantes réalisations et la croissance de la richesse, globalement, même si la répartition reste inégale.

Pourtant, suite à certains enjeux existentiels, au 21e siècle, l'économie industrielle ne produit plus richesse et croissance économique, comme au 20e :

Enjeux économiques industriels	
Marché	Les marchés en développement deviennent des marchés de remplacement, moins rentables
Choix	La concentration pyramidale industrielle[xx] réduit l'offre
Répartition	La concentration pyramidale concentre pouvoir et richesse vers le sommet, soit les actionnaires
Ressource	Les ressources s'épuisent, sont mal exploitées et cette exploitation a des conséquences écologiques importantes
Restauration	Des investissements majeurs (générationnels) sont requis pour restaurer l'écosystème
Infrastructure	Les infrastructures requièrent une refonte majeure, ne serait-ce que pour minimiser les dommages écologiques
Automatisation	Pour augmenter productivité et bénéfices, avec l'automatisation, la robotique et l'IA, les organisations réduisent leur dépendance envers l'humain et son travail.

7.2.4.1 DÉCROISSANCE

Face à la saturation de l'économie industrielle, à la hausse importante de ses coûts de production, d'exploitation, de recyclage et de restauration, ainsi qu'à la saturation des capacités planétaires et des marchés de détail, l'économie industrielle se tourne vers l'automatisation, l'IA et la réduction du travail humain, ainsi que vers la réduction de la population, au niveau du début de l'ère industrielle, soit moins de 500 millions d'humains, une baisse de ~95%.

Initié il y a plusieurs décennies déjà et présentement en déploiement, l'élite de l'économie industrielle avance une approche globaliste, souvent désignée comme le Nouvel Ordre Mondial (NOM). Ref. FEM : « The Great Reset[xxi] », « Stakeholder Capitalism[xxii] ».

VOUS NE POSSÉDEREZ RIEN ET VOUS SEREZ HEUREUX

KLAUS SCHWAB (FEM)

En plus de ces réductions, appuyé par l'automatisation et l'IA, le NOM propose un contrôle strict de la population restante, sa dépendance socio-économique, la tyrannie médicale, le transhumanisme[xxiii], alimentation aux insectes[xxiv], aliments artificiels[xxv] et la peur.

La réduction de la population permet à l'élite, le 1% le plus riche actuel, de multiplier son pouvoir démocratique par 20, devenant 20% de la population.

LA TYRANNIE EST TOUJOURS MIEUX ORGANISÉE QUE LA LIBERTÉ

CHARLES PÉGUY

Le plan de décroissance c'est aussi la réduction économique, intellectuelle, alimentaire, énergétique, ainsi que celle des libertés de parole, de mouvement et de pensée.

Mais cette approche réductive est-elle la meilleure, la seule option ou si …

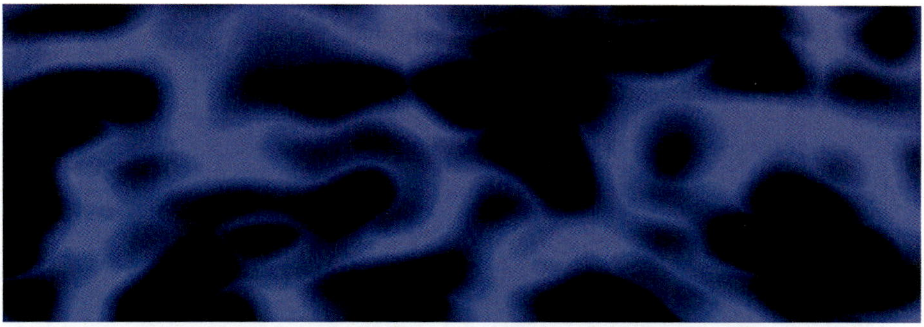

7.2.4.2 TRANSITION

Après les économies de cueillette, puis de chasse, puis d'agriculture et depuis le 19e siècle, l'industrie, qui ont été, tour à tour, le principal moteur d'économie, de prospérité et de développement humains, n'est-il pas temps de passer maintenant à l'économie du savoir, surtout pour les 95% dont l'économie industrielle cherche à se libérer?

Pendant un siècle environ, soit assez peu dans l'histoire humaine, avec d'importants écarts de répartitions et des coûts environnementaux générationnels, l'économie industrielle a généré une richesse importante, en exploitant les ressources naturelles planétaires pour les transformer en biens matériels distribués, vendus, utilisés et retournés à la planète.

Pourtant, cette ressource humaine dont l'économie industrielle se déleste, avec sa créativité, son innovation, le génie humains, n'est-elle pas la plus grande et renouvelable ressource exploitable, pour le bien-être de tous et de l'écosystème? Ce génie humain n'est-il pas le meilleur pour guider et contribuer à l'évolution de son écosystème? Poser la question, c'est y répondre. La transition de l'économie du savoir est naturelle et inévitable. Ce qu'il faut savoir, c'est comment la réaliser?

C'est ce que ce document tente de proposer, avec l'acquisition et le traitement de connaissance, le modèle naturel, la collaboration, la sécurité, les nouvelles applications et les systèmes effectivement intelligents.

Assurer la prospérité et la solidarité durable de 15 milliards d'humains et de leur écosystème requiert un encadrement adéquat qui balise les développement tout en favorisant leur diversité.

Les biens matériels ont une valeur marchande attachée à leur fabrication, un véhicule, par exemple. Ils ont aussi une valeur fonctionnelle reliée à leur usage, comme l'utilité du véhicule. Typiquement, ils sont négociés à leur valeur marchande et leur fonction est typiquement utilisée comme un avantage marketing. Typiquement, c'est la valeur fonctionnelle qui motive l'acquisition.

Pour les ressources de connaissance souvent virtuelles, intellectuelles ou intangibles, la valeur fonctionnelle constitue l'essentiel de la valeur effective négociée. Cette valeur peut être assuré de diverses façons, par chiffrement, par exemple, et par d'autres procédés de sécurisation et de valorisation.

Pour permettre toute la flexibilité requise pour de grands marchés, l'utilisation de ces procédés peut devenir assez élaboré, complexe même parfois. D'où la nécessité de plateformes intelligentes capables de gérer, avec jugement et tolérance, ces complexité et flexibilité, supportant, par exemple, la compensation avec facturation à l'usage et micropaiements, la classification dynamique, les suivis.

Les principaux piliers du marché et de l'économie du savoir comprennent :

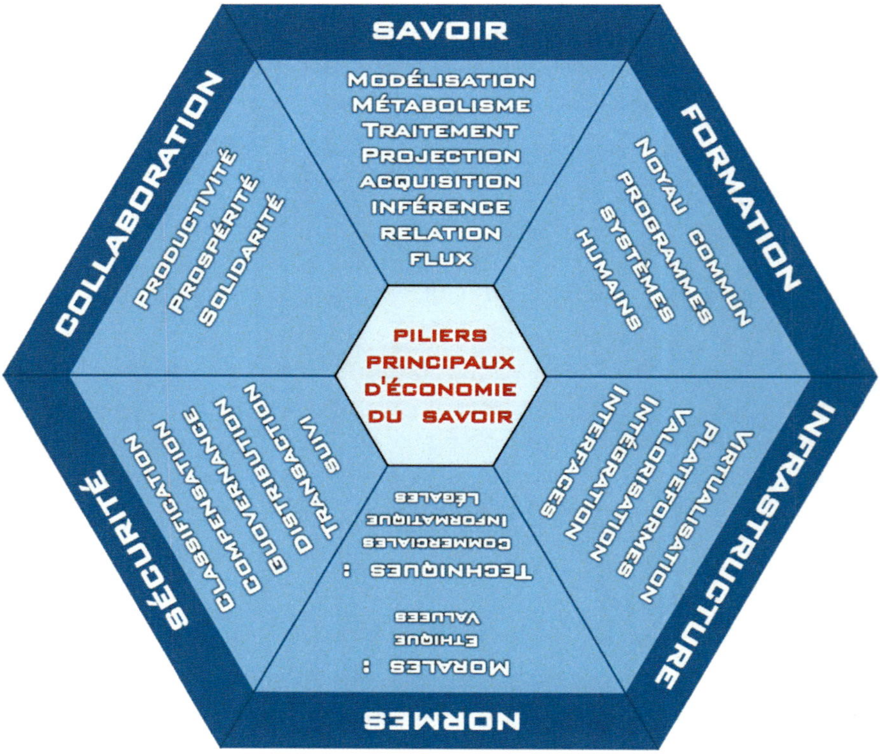

Construite sur ses grands piliers de l'économie du savoir, les principaux avantages et requis de la transition comprennent :

AVANTAGES
1. Prospérité et solidarité durables
2. Évolution stratégique durable de la pensée, du savoir, de l'intelligence
3. Nouveaux types de collaborateurs complémentaires: systèmes intelligents
4. Valorisation du travail et partage des produits et services du savoir
5. Moteur de la restauration et du rééquilibre des écosystèmes
6. Amélioration et développement durable des conditions de vie
7. Permettre à chacun de contribuer et de bénéficier, à la fois
8. Sécurité et soutien à la collaboration, au partage et à l'évolution
9. Multiplication et diversification de l'offre, en produits et services
10. Meilleure répartition des pouvoirs, responsabilités et bénéfices, en réseaux collaboratifs, plutôt qu'en concentration pyramidale industrielle

REQUIS
1. Développer, intégrer le traitement de connaissance et ses applications
2. Favoriser les structures en réseau, plus résilientes et mieux répartis
3. Formation appropriée continue des humaines et systèmes
4. Encadrement approprié, avec codes d'éthique, échelles de valeur, normes, réglementations, ontologie, gouvernance, infrastructures (*Section 7.2.5*)
5. Favoriser, développer soutenir la collaboration, fondement éthique, ainsi que de productivité, prospérité et solidarité
6. Développer et opérer des plateformes et infrastructures intelligentes, de collaboration et de partage transactionnel sécurisé
7. Intégration progressive du potentiel humain libéré par l'économie industrielle restructurée
8. Favoriser, développer les fonctions spécifiquement humaines comme la créativité, l'innovation, l'intuition, le partage, la collaboration

LE SECRET DU CHANGEMENT EST DE CONCENTRER L'ÉNERGIE À CONSTRUIRE LE NOUVEAU PLUTÔT QU'À COMBATTRE L'ANCIEN

DAN MILLMAN

7.2.5 ENCADREMENT

**IL EST DIFFICILE D'IMAGINER UNE FAÇON
PLUS STUPIDE ET DANGEREUSE
DE PRENDRE DES DÉCISIONS QUE
DE REMETTRE CES DÉCISIONS DANS LES MAINS
DE CEUX QUI NE PAIENT PAS DE PRIX, S'IL SE TROMPENT**

THOMAS SOWELL

FURIE DESTRUCTIVE OU COLLABORATION CONSTRUCTIVE

L'ÉTHIQUE PROTÈGE ET ÉVOLUE L'ÉCOSYSTÈME

CADRE

Parce que l'intelligence artificielle envahit, contrôle, détermine et sert de référence, parce qu'encore massive, sans jugement, possédée par un petit nombre de puissants et trop facilement victime de biais humains, parce qu'encore sans encadrement approprié et conformément aux considérations du présent document sur les concepts reliés à la connaissance et à l'intelligence artificielles, la présente section considère quelques valeurs et fondements pour l'encadrement requis, incluant sur normes, réglementations, ententes, ontologies, échelles de valeur et codes d'éthique.

1. SENS

L'encadrement et le code d'éthique sont soumis au sens de l'existence qui, pour tout ce qui existe, fruits et outil d'évolution, est de contribuer à l'évolution aux limites des capacités héritées et acquises respectives.

2. CONTEXTE

Le Cosmos est le contexte de l'existence, mais plus spécifiquement pour les humains et les systèmes intelligents, les présentes réfèrent plutôt au terme "écosystème", tout aussi englobant, mais plus spécifique du fait que la planète Terre en est au centre.

3. MODÈLE

Le modèle de référence, de conception et d'opération est le modèle naturel de la connaissance et de l'intelligence, lui aussi fruit et outil d'évolution.

4. Types

Intelligence et connaissance concernent particulièrement le développement et l'opération de deux principaux types de traiteurs: naturels, les humains et artificiels, les systèmes intelligents. Les activités de ces des deux types d'intervenants diffèrent à certains points de vue, mais les opérations des deux types requièrent un encadrement, dans le contexte. Grâce au modèle naturel universel, le même encadrement peut permettre d'encadrer les activités des deux grands types de traiteurs de connaissance sous un code d'éthique commun, une approche plus rationnelle et plus équitable.

5. Égalité

En principe, toutes les formes d'existence sont valeur équivalentes. Chacune naissant, existant et étant recyclée, toutes avec des droits relatifs équivalents. Dans l'univers causal, seule la relativité est absolue.

6. Prospérité

La prospérité est la richesse partagée, répartie.

7. Solidarité

La solidarité est la grande force unificatrice. Elle est le fruit de la collaboration et de l'effort partagé.

8. Objectif

L'objectif, en contribuant à l'évolution, est d'assurer la prospérité et la solidarité durables, pour tous et pour l'écosystème, pour des générations.

9. Collaboration

La collaboration est le plus important facteur de productivité et la source de la prospérité et de la solidarité durables. La collaboration constitue une valeur fondamentale primaire et le mode d'opération privilégié.

10. Systèmes

Les humains développent les systèmes intelligents pour collaborer avec eux à maximiser la contribution à l'évolution.

11. Responsabilité

Les humains sont responsables de leurs actions, de former leurs descendants, de développer les systèmes intelligents, d'en assurer la formation adéquate.

12. Bien

Le bien se définit comme ce qui contribue au sens de l'existence, à l'évolution. Le mal est le reste, l'erreur. Tous sont conçus pour le bien.

13. Vie
Donner, préserver et développer la vie, capacité de contribuer à l'évolution, constitue une valeur fondamentale, essentielle aux sens (#1) et objectif (#8). En conséquence, les humains peuvent opérer les systèmes intelligents comme les êtres naturels, humains et animaux, mais ils leur doivent le même type de respect dont les abus constituent des fautes répréhensibles.
14. Connaissance
La connaissance structure la complexité et le raffinement du réel; sa modélisation et sa représentation sont stratégiques à sa compréhension, son traitement et son opération, avec jugement, tolérance et cohérence. En conséquence, le bagage de connaissance des traiteurs artificiels mérite le même respect que celui des traiteurs de connaissance naturels.
15. Structure
Le modèle naturel préfère et favorise les structures flexibles, autonomes, structurées en réseau, plutôt que massives, monolithiques, moins flexibles.
16. Intelligence
L'intelligence est l'habileté à acquérir, comprendre et traiter la connaissance, dont la modélisation et la représentation sont requises (relations, ontologie).
17. Réflexe
La gestion des réflexes, automatismes et habitudes, avec conditionnements, contextes et déclencheurs, requièrent une architecture normée.
18. Flux
L'architecture normée du traitement de flux continus, sensoriels, moteurs et métaboliques assure performance et généralisation des traitements.
19. Inférence
Formalisation normée de l'architecture d'inférence, indispensable à la transformation et à l'intégration d'information en ressources de connaissance.
20. Projection
Formalisation normée de l'architecture de projection de modèles de connaissance en information, par points/angles de vue et perspectives.
21. Métacognition
La métacognition est nécessaire à l'évolution des traiteurs et s'articule en niveaux de connaissance de connaissance et de leur traitement (intelligence).

22. Évolution

Humains et systèmes intelligents apprennent de leur expérience et de leur réflexion pour évoluer leur bagage de connaissance respectif, à travers les processus métaboliques requis, incluant corrélation, jugement et gouvernance.

23. Noyau

Les fondements du bagage de connaissance et des processus métaboliques des systèmes intelligents (traiteurs artificiels) sont construits à partir d'un noyau commun normé, authentifié et validé, hérité à la conception.

24. Formation

Humains et systèmes intelligents méritent une formation structurée et adaptée, pour leur permettre de mieux contribuer à l'évolution.

25. Erreur

L'erreur est un outil d'apprentissage. Humains et systèmes doivent apprendre à détecter, comprendre, corriger les erreurs et en tirer les leçons.

26. Gouvernance

La gouvernance est un fondement de l'optimisation, requis pour chaque ressource et appuyée par ses indicateurs, contrôles ainsi que par les processus de jugement, de tolérance et du métabolisme.

27. Sécurité

La sécurité, indispensable aux opérations, comprend plusieurs étapes et couches, dont la classification dynamique, chacune avec ses normes pour assurer la compatibilité, le partage et la collaboration.

28. Marché

Le marché du savoir, crucial à la survie humaine requiert des infrastructures, normes et réglementation appropriés.

29. Navigation

La navigation interactive multidimensionnelle structurée de la connaissance, à travers des interfaces comme la réalité virtuelle ou mixte constitue une approche optimale de partage et d'apprentissage de la connaissance.

30. Démocratie

L'exercice de la démocratie citoyenne participative effective constitue une application spécialisée de plateforme de collaboration intelligente sécurisée.

PLAN

8 Stratégies

Développer l'économie du savoir, en complément d'une économie industrielle en restructuration, pour permettre de générer la prospérité requise pour soutenir les humains et leur permettre de se développer, semble pouvoir être déterminant pour évoluer l'humanité, de son l'écosystème.

Le développement progressif de l'économie du savoir, n'est pas trivial, exigeant stratégie et planification, ce à quoi une équipe travaille déjà depuis quelques années, réalisant un premier plan de stratégies et de suivi de réalisation, normé, informatisé, ouvert à l'analyse et la corrélation, visant à assurer une transition optimale.

8.1 Plan

Normé (ISO17469/StratML) pour assurer précision, cohérence et disponibilité, une première section, l'entête, introduit le titre « Prospérité et solidarité durables » (PSD), le contexte, la mission, la vision, les valeurs, les responsabilités, l'organisation et les points de contact.

Par la suite, pour chaque but fixé, le plan présente les objectifs définis, chacun avec les stratégies requises, les indicateurs, avec leurs cibles et outils de suivi, incluant pour chaque élément, les responsables, responsabilités et mécanismes d'ajustement prévus.

L'adaptation aux réalités contextuelles, est structurée en deux niveaux :

- **Global** : Gabarit avec les sections communes
- **Régional** : Instance spécifique, intégrant le gabarit et les sections communes avec les sections adaptées spécifiquement pour chaque pays, ou région disposant des pouvoirs administratifs et légaux requis.

Le plan vise la mise sur pied et la structuration de l'économie du savoir, en considérant tous les requis, les impacts et les stratégies pour en optimiser la réalisation. Comme modèle et validation, une première instance du plan a été réalisée dans le cadre d'un pays québécois.

Le plan organise son action sur 6 principaux axes d'intervention :

AXE	INCLUANT
1. Prospérité	Économie, Commerce, Autonomie, Exploration
2. Solidarité	Société, Santé, Alimentation, Collaboration, Coordination
3. Sécurité	Partage, Données, Diplomatie, Police, Militaire
4. Savoir	Connaissance, Éducation, Pratique, R&D, Production
5. Infrastructure	Plateformes intelligentes, Noyau commun, Intégration
6. Environnement	Écosystème, Territoire, Responsabilité, Valorisation

En fait, PSD définit un seul but où « des générations » s'entend comme ≥ 8:

ASSURER PROSPÉRITÉ ET SOLIDARITÉ DURABLES, POUR DES GÉNÉRATIONS

Pour atteindre ce but, chacun des objectifs et sous-objectifs, souvent à plusieurs niveaux, est défini et appuyé par les stratégies, responsabilité, indicateurs et contrôles requis.

L'économie du savoir, le traitement de connaissance et le développement de systèmes et d'infrastructures effectivement intelligents et sécurisés sont au cœur du plan. Toutes les sphères d'opération sont considérées, sociales, commerciales, légales, industrielles, énergétiques, écologiques, culturelles, éducatives, scientifiques, informatiques, techniques, agricoles, alimentaires, en transport et autres.

Les indicateurs de performance et contrôles de réalisation, avec leur cibles, résultats effectifs et outils d'ajustement, sont associés aux responsabilité et responsables pour assurer la conformité de la réalisation tout en permettant l'adaptation aux contextes en évolution.

La formalisation informatique et normée du plan contribue à en assurer la disponibilité publique générale, ainsi que l'analyse, la corrélation et le suivi de réalisation détaillés.

La réalisation du plan est une transition progressive qui optimise et séquence chaque étape pour en assurer le succès, tout en intégrant les mécanismes permettant la ajustements et adaptations requis pour un tel projet.

En particulier, le plan prévoit que chaque instance ou pays est indépendant et adopte le plan volontairement et à son rythme, tout en en optimisant la réalisation selon ses priorités et prérogatives.

LA GESTION DES RELATIONS QUALIFIÉES PERMET LA CLASSIFICATION DYNAMIQUE
LA CLASSIFICATION DYNAMIQUE PERMET DE SÉCURISER LE PARTAGE
LA PARTAGE SÉCURISÉ PERMET LA COLLABORATION

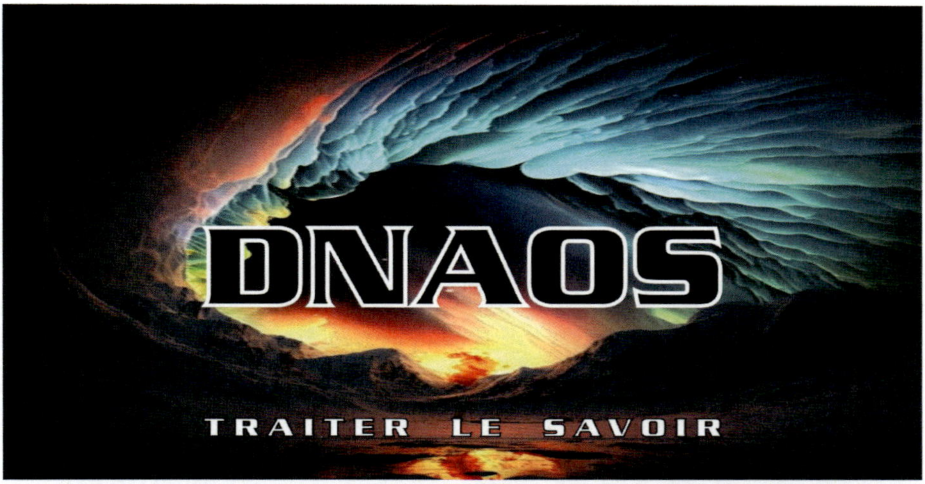

8.2 Prototype

Le présent document est issu de décennies de développement de systèmes et solutions de collaboration et gestion de contenu riche menant, vers la fin du précédent millénaire à de profonds questionnements sur les problématiques de gestion sécurisée de collaboration et partage de données complexes.

Par exemple, la conception de portails de collaboration industrielle où des entreprises compétitrices dans un domaine, le transport, par exemple, gèrent les activités de flottes de véhicules et remorques, partageant des services nécessaires sur un portail commun.

Ni spécialistes ni développeurs d'informatique, les transporteurs ont des besoins informatiques considérables et continus, 24/7, à travers des continents. Concevoir, maintenir et opérer les systèmes requis est un défi perpétuel, coûteux et invincible, pour chacun d'eux.

Une entreprise informatique spécialisée peut cependant réaliser un portail offrant les services requis, pour l'ensemble de l'industrie, permettant à chacun de suivre et gérer chacun de ses véhicules, composants et opérations, à travers tous ses cycles de vie, tout en permettant la pleine gestion des flottes et ressources, avec les technologies les plus avancées.

En principe, pour les transporteurs, l'approche est idéale, sauf que chacun s'inquiète que ses informations puissent tomber entre les mains d'un compétiteur, même si ce compétiteur est souvent aussi un collaborateur avec lequel on partage souvent des ressources.

Après avoir réalisé un certains nombre de ces portails, pour diverses industries, après avoir utilisé tous les moyens disponibles pour tenter d'assurer la sécurité et de rassurer les usagers, une équipe de concepteurs-architectes informatiques a choisi de prendre un recul et quelques années pour bien repenser la dynamique et ses problématiques, ce qui a mené au développement d'une plateforme pour supporter la collaboration sécurisée, particulièrement avec la classification dynamique.

Ces réflexions et travaux ont requis une meilleure compréhension de la nature et des différences entre information et connaissance, ainsi que le rôle stratégique de la gestion systématique des relations qualifiées.

La plateforme DNAOS résultante, prototype des plateformes intelligentes proposée plus haut, a été initialement mise en ligne sur Internet en 2004.

Construite sur un engin de pipelines parallèles de transformation (J2EE), le long desquels sont installées les applications (XSLT4), ainsi que des interfaces et gestionnaires de contenu (SOA, ROA, Xforms, …), la plateforme DNAOS traite dynamiquement les flux sensoriels, moteurs et métaboliques de ressources de connaissance.

Construit à partir d'un noyau initial « hérité », le bagage de ressources de connaissance de la plateforme évolue au fil des interactions et opérations.

La plateforme comprend aussi des outils avancés pour la gestion, la modélisation et l'administration de la plateforme et de ses ressources. Non seulement la plateforme permet de définir et modéliser des ressources de connaissance, elle modélise aussi dynamiquement des bases ou bagages de ressources de connaissance existants, par modélisation inversée, permettant aux administrateurs de raffiner, complémenter et combiner ces modèles et bagages.

La plateforme gère dynamiquement la classification, les droits et responsabilités, ainsi que les contextes et conditions, sans restriction de granularité. De la même façon, la plateforme permet le développement d'automatismes, réflexes, déclencheurs et conditions.

Conçue en infonuagique hybride, conforme aux standards les plus avancés, la plateforme offre des performances impressionnantes.

Fondement et soutien du présent document le prototype de plateforme de collaboration, toujours en évolution confirme l'applicabilité et la pertinence des considérations et propositions ci-haut.

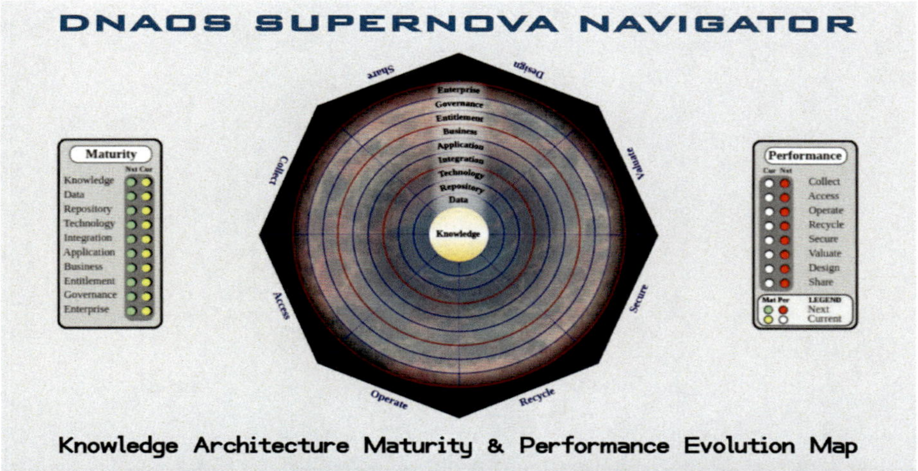

8.3 Normes

Pour collaborer et développer une économie de la connaissance effective, les contributeurs, tant pour l'infrastructure que pour les opérations, doivent pouvoir interconnecter leurs solutions efficacement. À tous ces niveaux, la compatibilité reste un prérequis.

La compatibilité relève des conventions, normes et codes déterminés et convenus. Ces normes contribuent aussi à assurer la modularité et à favoriser la saine compétition pour la production et l'intégration des composants.

La spécification de normes doit particulièrement assurer :

- La compatibilité des systèmes
- La sécurité de partage de ressources de connaissance
- La compatibilité des données, contenus et représentations
- Des aspects plus spécifiques dont la compatibilité de :
  - Classification dynamique
  - Identification (universelle)
  - Localisation générique
  - Modélisation et retro-modélisation dynamique de ressources
  - Gestion des droits, sans contrainte de granularité
  - Stéganographie, traçage
  - Traitement de connaissance et de relations qualifiées
  - Gestion d'archétypes et métadonnées
  - Code d'éthique, ontologie
  - Développement et intégration d'interfaces

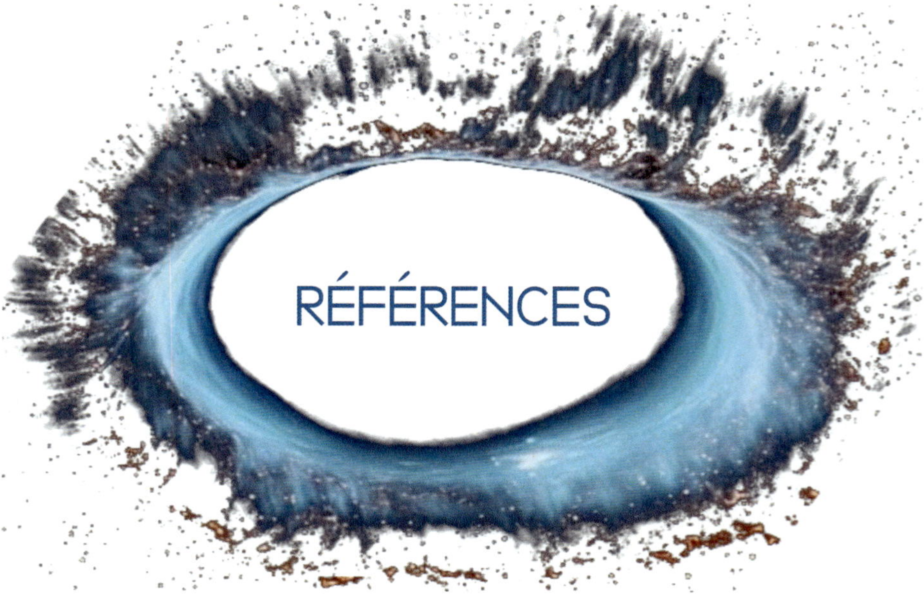
RÉFÉRENCES

9 ANNEXES

Les annexes sont groupées selon leur type :

1. Fibre	Document : vision, contributions, facture, thèmes de suivi
2. Exemples	Intelligence de la nature, définitions de ChatGPT
3. Réflexions	Quelque réflexions sur des fondements du document
4. Indexes	Éléments de référence : glossaire, liens Internet, notes

9.1 FIBRE

Quelques sections relatives à la fibre du document : les contributions, ainsi qu'une liste de thèmes reliés, méritant plus amples considérations, ailleurs.

1. Contributions	Principaux contributeurs au document
2. Thèmes	Thèmes reliés, méritant plus de considération

9.1.1 Contribution

Directement ou indirectement, plusieurs ont collaboré avec l'auteur[xxvi], à ce document dédié au travail de recherche de Michel Perrault, incluant :

9.1.1.1 Guidance

L'influence déterminante de :

- M. Michel Perrault (1925-2010)
- M. Peter Grogono
- Mme Nguyen Thi Vi Ha

9.1.1.2 Révision

Le précieux travail de révision de :

- M. Jean-Claude Bélanger
- M. Daniel Chouinard
- M. Robyn Chouinard
- M. Claude Déom
- Mme Huguette Déom
- M. Ly Xa Duong
- M. Mikael Imani et l'équipe de AMZ Book Publishing Services

9.1.1.3 IA

IAs utilisées :

- Antidote : Outil de vérification linguistique
- DEEPL : Outil de traduction linguistique
- ChatGPT : IA conversationnelle de Microsoft (*section 9.2.2 IA*)
- DNAOS : Prototype de plateforme intelligente de collaboration sécurisée
- Grok3 (xIA) : échanges, synthèse d'image, recherche d'information

9.1.1.4 Complément

Le Dr Robert W Malone MD, MS, pour son excellent survol de l'IA actuelle :

- https://www.malone.news/p/artificial-intelligence-primer

Beyond Cosmic 3I, pour leur intéressante collection vidéo :

- https://www.facebook.com/profile.php?id=61578564362548&sk=reels_tab

9.1.1.5 Organisation

Cosmos Square Inc[xxvii], et sa maison d'édition : Les Éditions Consonance[xxviii]

01 COMMUNICATIONS INC[xxix]., éditeur de la technologie DNAOS

9.1.2 THÈMES

Thèmes reliés qui méritent considération plus spécifique, en d'autres contextes :

- Archétypes
- Asymétrie
- Bonheur
- Causalité
- Chiffrement
- Classification dynamique
- Collaboration
- Compensation numérique
- Concentration pyramidale
- Congruence
- Connaissance
- Conscience
- Créativité
- Décroissance
- Démocratie collaborative
- DNAOS
- Données, Métadonnées
- Échelle de valeur
- Économie du savoir
- Énergie
- Entropie
- Esprit
- Éthique
- Évolution
- Flux continus
- Gouvernance
- Idéal
- Intelligence
- Localisation
- Logique naturelle
- Manger
- Métabolisme
- Modélisation
- Musique
- Neuronal
- NOM
- Normes
- Noyau commun
- Ontologie
- Partage
- Pays
- Phénomènes naturels
- Pipelines de transformation
- Planification
- Plateformes de collaboration
- Propriété intellectuelle
- Prospérité
- Réalité
- Réflexes
- Relations
- Relativité
- Ressource
- Saturation industrielle
- Sens
- Sécurité
- Soi
- Solidarité
- Sommeil
- Stéganographie
- Stratégie
- Structures (réseaux)
- Subconscient
- Symétrie
- Transition
- Traiteur de connaissance
- Vérité
- Vie
- Virtualisation

9.2 EXEMPLES

Cette section présente quelques exemples d'intelligence et de connaissance dans la nature, ainsi que l'exemple des définitions de ChatGPT pour les termes « intelligence » et « intelligence artificielle », un exemple de diagramme d'architecture d'IA au gouvernement, un sur les capacités de l'IA.

9.2.1 NATURE

Le premier défi, et probablement le plus déterminant, en artificialisant connaissance et intelligence, est de bien en comprendre les enjeux et paramètres pour mieux organiser la conception, la réalisation, et pour assurer les résultats.

La nature intuitive et subconsciente de la connaissance et de l'intelligence pose des défis particuliers, car, justement, nul n'a à en comprendre la nature, ou l'opération, pour pouvoir les utiliser.

Il ne faut donc pas s'étonner que ces phénomènes soient si intuitifs et subconscients, ni que notre évolution ait toujours pu en tirer profit.

Une compréhension scientifique détaillée de la nature et de l'opération de la connaissance et de l'intelligence reste cependant requise pour espérer pouvoir arriver les artificialiser ou programmer effectivement dans des systèmes informatiques.

Cette compréhension commence par celle des causes et phénomènes profonds à l'origine du contexte actuel, ainsi que des principes qui les définissent.

Développés par la nature, connaissance et intelligence se sont affinées et adaptées à la réalité au fil de leur évolution, modelant un cadre naturellement éthique, riche d'enseignements stratégiques pour l'artificialisation. Il n'y a sans doute pas que l'IA qui requiert une échelle de valeur et un cadre éthiques. La compréhension de la nature est très instructive.

Dans tous les cas, on doit bien observer pour mieux comprendre, sachant que le résultat de la réalisation reste toujours, au mieux, inférieur à la compréhension.

La nature offre donc d'innombrables exemples d'intelligence et de connaissance, partout dans l'univers et tout autour de nous, connaissance et intelligence s'épanouissent dans la diversité. La présente section a retenu quelques exemples connus et intéressants.

On peut penser à la joie et de l'affection d'un chien pour son compagnon humain, aux araignées qui polarisent leurs fils qu'elles utilisent, avec les champs magnétiques terrestres, pour s'envoler, à l'affection et aux soins d'une souris pour ses petits, ou comme dans quelques exemples qui suivent, et dans bien d'autres :

9.2.1.1 Fourmis

Il y a beaucoup à apprendre des fourmis. Une récente étude a découvert, par exemple, qu'après avoir collecté les graines dont elles ont besoin pour l'hiver, les fourmis les cassent en deux avant de les stocker dans leur nid, car le fait de les casser en deux les empêche de germer, même sous la pluie et dans les conditions de germination les plus parfaites.

Les scientifiques ont été stupéfaits lorsqu'ils ont découvert que les graines de coriandre stockées dans le nid des fourmis étaient divisées en quatre morceaux au lieu de deux.

Après des recherches en laboratoire, les scientifiques ont découvert qu'une graine de coriandre peut encore germer après avoir été divisée en deux, mais qu'elle ne germera pas après avoir été divisée en quatre parties.

9.2.1.2 Corbeaux

Lorsqu'il ne se sent pas en forme, le corbeau descend au sol, près d'une fourmilière, écarte les ailes, s'immobilise… et attend.

Les fourmis l'envahissent alors qu'il sait que les fourmis libèrent de l'acide formique, un antiparasitaire naturel qui le débarrasse de ce qui le fragilise.

9.2.1.3 Abeilles

L'apiculteur a oublié de mettre les cadres dans lesquels les abeilles récoltent le miel, et les abeilles ont construit leur propre architecture avec un nid d'abeilles, qui prend en compte la ventilation naturelle, afin que l'air puisse circuler librement et maintenir une température stable.

9.2.1.4 Araignées

Avec un cerveau plus petit qu'un grain de sésame, la Portia Fimbriata, une petite araignée sauteuse d'Australie, chasse souvent d'autres araignées, mêmes plus grosses qu'elle, dans des environnements complexes avec des toiles suspendus au-dessus des crevasses ou dans des feuillages.

La Portia peut monter un mur, longer un plafond pour arriver juste au-dessus de sa proie, pour lui tomber dessus, même si la cible était hors de vue pour plusieurs minutes. Elle utilise une technique d'essai-erreur, ajuste sa stratégie si un trajet échoue et démontre une flexibilité rare chez les arachnoïdes. Certaines espèces de Portia frappent aussi sur les fils pour imiter une proie coincée et attirer plus près leur victime.

Araignée Portia Fimbriata
Documentaire vidéo de la BBC
https://www.youtube.com/watch?v=nlRkwuAcUd4

9.2.1.5 Libellules

Avec un cerveau plus petits qu'un grain de riz, depuis plus de 300 millions d'années, avec un taux de succès à la chasse, de plus de 95%, mieux que la plupart des prédateurs avec des cerveaux beaucoup plus gros, les libellules sont des merveilles aériennes, avec un extraordinaire contrôle de vol et précision de chasse.

Elles peuvent calculer la trajectoire de la proie en plein vol, ajustant vitesse et angles pour l'intercepter, utilisant des modèles prédictifs, anticipant où la cible se trouvera. Les libellules planent, s'élancent et pivotent, rivalisant avec les drones modernes, le tout orchestré par un minuscule réseau neuronal.

9.2.1.6 Cercles du Namib

Illustrant l'auto-organisation des écosystèmes en réponse au stress hydrique, dans les profondeurs arides du désert du Namib, les plantes s'organisent en cercles créant des « espaces vides » qui agissent comme des réservoirs d'eau.

9.2.1.7 Mémoire

La mémoire est dans la structure même de la réalité. Les exemples dans la nature sont omniprésents.

Cet arbre pétrifié de 42000 ans, trouvé en Nouvelle-Zélande, a enregistré dans sa structure même, le dernier double renversement des pôles magnétiques, s'étant déroulé sur quelques siècles, avec des répercussions sur plusieurs millénaires.

Du parc de la Forêt pétrifiée, en Arizona, cet arbre a 220 millions d'années date de l'époque des dinosaures et s'est fossilisé au fil de millions d'années, se transformant en quartz coloré. Certains d'entre eux, très rarement, se sont transformés en bois opalescent, où les cellules du bois ont été remplacées par un matériau opalescent brillant !

L'existence mémorise et métabolise entités et vécus dans la structure évolutive du réel, dont la pierre.

Au moins, la réalité semble strictement causale, facilitant le traçage à travers les chaînes de causes et d'effets.

9.2.1.8 Phénomènes

Les phénomènes naturels déterminent les conditions de l'existence. Ils sont des fondements de la réalité. Leur compréhension est indispensable.

LES PHÉNOMÈNES NATURELS SCULPTENT NOTRE NATURE

L'histoire du vol, par exemple, montre un peu la portée de la compréhension de phénomènes naturels :

1. Pendant des centaines de millénaires, les humains ont rêvé de pouvoir voler comme les insectes et les oiseaux. Ils ont observé et imité les volatiles, mais au risque de leur vie, au point de se projeter dans la mythologie, comme Icare.

2. Pourtant, ce n'est que lorsque les humains ont commencé à mieux comprendre, scientifiquement, tous les mécanismes des phénomènes naturels qui permettent le vol, comme la gravité, la propulsion, les flux, la navigation, les matériaux et autres, qu'ils ont pu commencer à pouvoir voler, puis après quelques décennies seulement, aujourd'hui, en développant leur compréhension de la réalité, ils volent vers la Lune, Mars, l'extérieur du système solaire, … même sans ailes!

La clé du rêve impossible était dans la conscience et la compréhension des phénomènes naturels sous-jacents.

Connaissance et intelligence sont des phénomènes naturels encore mal connus, mais dont la compréhension est déterminante à leur informatisation (artificialisation) et à l'évolution.

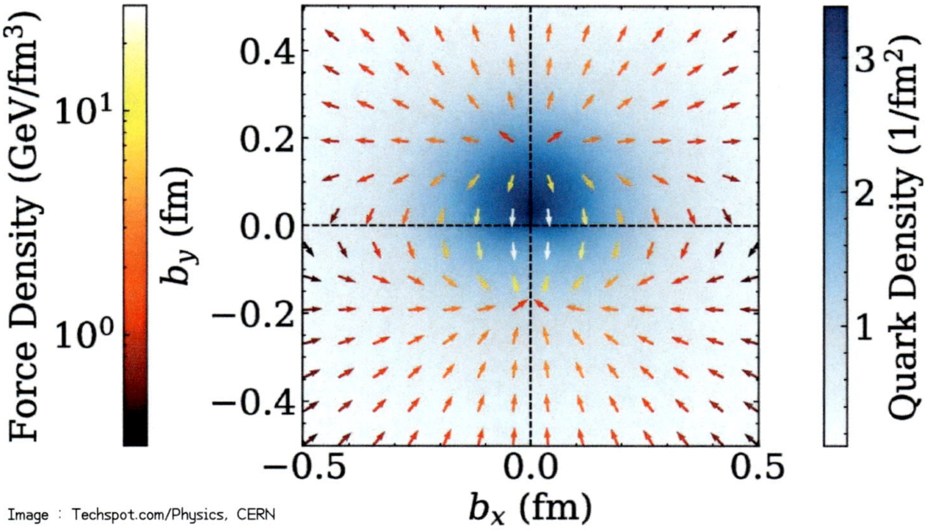

Image : Techspot.com/Physics, CERN

9.2.1.9 FORCES

Carte des forces du proton, produite à l'aide de la chromodynamique quantique sur réseau. À des échelles des milliers de fois plus petites que le noyau atomique, les forces dans le proton, qui maintiennent les quarks ensemble (solidarité), peuvent atteindre 500 000 newtons, soit l'équivalent de la traction d'environ 10 éléphants (hyper-compressés). Même à cette échelle, tout est relatif et rien n'est simple ni trivial.

L'image illustre également le rôle déterminant et l'opération de la pondération, de la tolérance et du jugement, à l'échelle quantique.

VIVANT ACTUELLEMENT SUR TERRE, CHERCHANT CE QUE JE SUIS
JE SAIS QUE JE NE SUIS PAS UNE CATÉGORIE, UNE CHOSE, UN NOM
JE SEMBLE ÊTRE UN VERBE, UN PROCESSUS ÉVOLUTIF
UNE FONCTION INTÉGRALE DE L'UNIVERS

RICHARD BUCKMINSTER FULLER

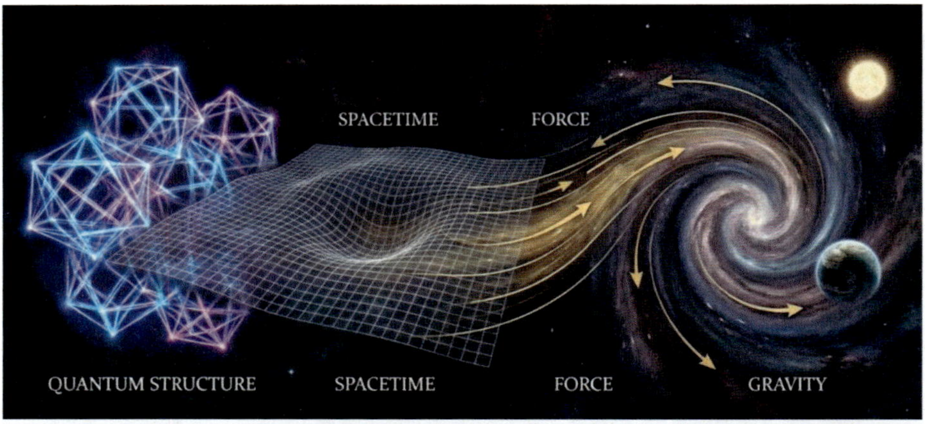

9.2.1.10 Trame

Structure quantique – Espace-temps – Force - Gravité

- La structure quantique façonne l'espace-temps
- La réponse de l'espace-temps devient force
- À grande échelle, cette force devient la gravité.

Au niveau quantique, la matière n'est pas seulement constituée de particules, mais aussi d'une densité porteuse d'informations, de fluctuations, de gradients et d'asymétries locales.

Au niveau classique, la gravité n'est pas seulement une courbure ou une force, mais l'expression macroscopique de la manière dont l'espace-temps répond à ces gradients de densité.

Par Rohit Singh Roy

	Gravient https://x.com/Rohitsinghroy

Voir aussi

	Radiation Regulated Scalar Coupling A Modified Gravity Framework for Galaxy Dynamics https://zenodo.org/records/18181904

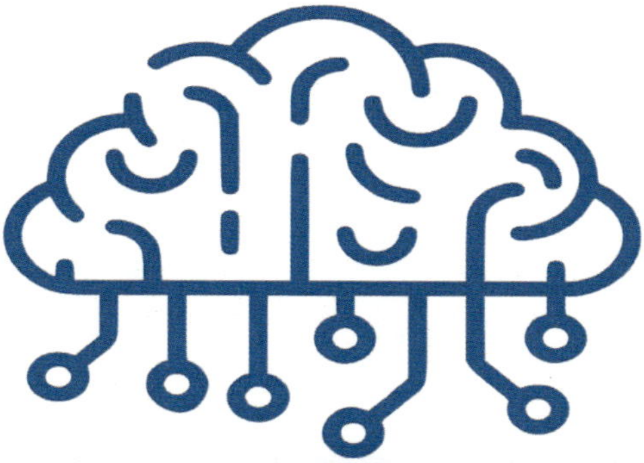

9.2.2 IA

QU'EST-CE QUE L'INTELLIGENCE ARTIFICIELLE?

La présente section regroupe quelques éléments sur l'IA actuelle. On y retrouve :

- Une référence à un intéressant résumé de l'IA actuelle, produit, en Anglais, par le Dr Robert M. Malone, prix Nobel pour son invention de la technologie mRNA :

INTRODUCTION À L'IA, SURVOL DE L'IA ACTUELLE (AI PRIMER)
PAR DR MALONE

https://www.malone.news/p/artificial-intelligence-primer

- Les résultats d'une expérience récente sur les capacités de l'IA
- Quelques tentatives de définitions de ChatGPT, à savoir :
  - Qu'est ce que l'intelligence ?
  - Qu'est ce que l'intelligence artificielle ?
- Un diagramme d'architecture gouvernementale en terme d'IA

JE VEUX QUE L'IA FASSE MA LESSIVE ET MA VAISSELLE
POUR AVOIR LE TEMPS D'ÉCRIRE ET DE FAIRE DE L'ART
PAS QUE L'IA FASSE DE L'ART ET ÉCRIVE
POUR QUE J'AIE LE TEMPS DE FAIRE
LA VAISSELLE ET LA LESSIVE

JOANNA MACIEJEWSKA

9.2.2.1 Capacités

ChatGPT vient de perdre une partie d'échecs contre une console de jeux Atari 2600 de 1977.

ChatGPT a essuyé un revers humiliant en perdant lamentablement une partie d'échecs contre une Atari 2600 de 1977. Même en mode débutant, il a eu du mal à rivaliser avec ce moteur d'IA vieux de plusieurs décennies.

Dans un post LinkedIn désormais viral, Robert Caruso, ingénieur logiciel chez Citrix, a raconté comment le chatbot IA moderne a été « complètement détruit » par Atari Chess, un moteur de jeu d'échec primitif qui ne pense qu'à un ou deux coups à l'avance.

Même en mode débutant, ChatGPT a cafouillé tout au long de la partie, confondant les pièces, mal interprétant les coups et perdant complètement le fil de l'état du plateau, des erreurs qui embarrasseraient même un novice.

Alors que ChatGPT se débattait avec des visuels abstraits et insistait sur le fait qu'il pouvait gagner en redémarrant, le système rudimentaire 8 bits d'Atari calculait calmement ses prochains coups, infligeant une défaite écrasante sans fioriture ni fanfare.

Cette confrontation met en évidence un contraste saisissant entre la logique de la force brute et l'intelligence du langage génératif, suggérant que même l'IA de pointe peut être surpassée par une technologie vieille de plusieurs décennies lorsqu'elle sort de sa zone de confort.

MARCHER OU CONDUIRE JUSQU'AU LAVE AUTO À 100 MÈTRES DE CHEZ MOI, POUR LAVER LA VOITURE
https://creators.yahoo.com/lifestyle/story/i-asked-chatgpt-if-i-should-drive-or-walk-to-the-car-wash-to-get-my-car-washed--and-it-struggled-with-basic-logic-140000959.html

9.2.2.2 INTELLIGENCE

« L'intelligence est un concept complexe et multiforme qui fait référence à diverses aptitudes et capacités mentales dont font preuve les êtres humains et certains autres animaux. Elle englobe la capacité de raisonner, d'apprendre, de résoudre des problèmes, de s'adapter à de nouvelles situations, de comprendre des idées complexes et de faire preuve de créativité.

L'intelligence implique les processus cognitifs de perception, d'attention, de mémoire, de langage et de résolution de problèmes.

Traditionnellement, l'intelligence est mesurée et quantifiée à l'aide de tests de QI (quotient intellectuel), qui évaluent les capacités cognitives d'un individu dans des domaines spécifiques tels que le raisonnement verbal, la pensée logique et la perception de l'espace. Toutefois, les tests de QI ne permettent pas de saisir tout le spectre de l'intelligence humaine, et d'autres formes d'intelligence, telles que l'intelligence émotionnelle et l'intelligence sociale, ont gagné en reconnaissance au cours des dernières années.

L'intelligence émotionnelle désigne la capacité à percevoir, comprendre, gérer et exprimer efficacement les émotions, tant chez soi que chez les autres. Elle implique des compétences telles que l'empathie, la conscience de soi, l'autorégulation et les compétences sociales.

L'intelligence sociale, quant à elle, se rapporte à la capacité à gérer les interactions sociales, à comprendre les normes sociales et à communiquer et collaborer efficacement avec les autres.

Il est important de noter que l'intelligence n'est pas un trait fixe et qu'elle peut être développée et améliorée par l'apprentissage, l'expérience et la pratique délibérée. Chaque individu peut présenter des forces et des faiblesses différentes en termes de capacités intellectuelles, et l'intelligence peut se manifester dans divers domaines, tels que les compétences académiques, créatives ou de résolution de problèmes pratiques. »

9.2.2.3 INTELLIGENCE ARTIFICIELLE

« Le terme "intelligence artificielle" est utilisé pour décrire le domaine de la technologie qui se concentre sur la création de machines ou de systèmes capables d'effectuer des tâches qui requièrent généralement l'intelligence humaine.

Il s'agit d'un terme générique qui englobe toute une série de techniques et d'approches, comme l'apprentissage automatique, l'apprentissage profond, le traitement du langage naturel, etc.

Lorsque nous parlons d'IA, nous faisons référence à l'application de ces technologies pour automatiser des tâches, analyser des données, reconnaître des modèles et prendre des décisions. Il s'agit d'une forme d'automatisation qui va au-delà des simples systèmes basés sur des règles en intégrant l'apprentissage et l'adaptation.

Toutefois, il semble essentiel de bien comprendre les capacités et les limites de l'IA. Les systèmes d'IA sont conçus pour des tâches et des domaines spécifiques et manquent d'intelligence générale. Ils fonctionnent sur la base d'algorithmes, de données et de règles prédéfinies, plutôt que d'avoir une conscience ou une compréhension de type humain.

Comme toute technologie, l'IA peut être mal utilisée ou poser des problèmes éthiques dans certains contextes, et il existe des discussions et des considérations importantes sur ses implications éthiques, ses préoccupations en matière de protection de la vie privée et ses biais potentiels. »

9.2.2.4 GOUVERNEMENTS

L'architecture de référence pour l'IA dans un gouvernement numérique, en 2025 par exemple, s'inscrit dans une stratégie fondée sur l'IA massive sous contrôle centralisé, pourtant, surtout à plus long terme, la nature pourrait préférer une approche décentralisée, en réseaux flexibles et adaptés. Les fourmis ont vu les dinosaures passer.

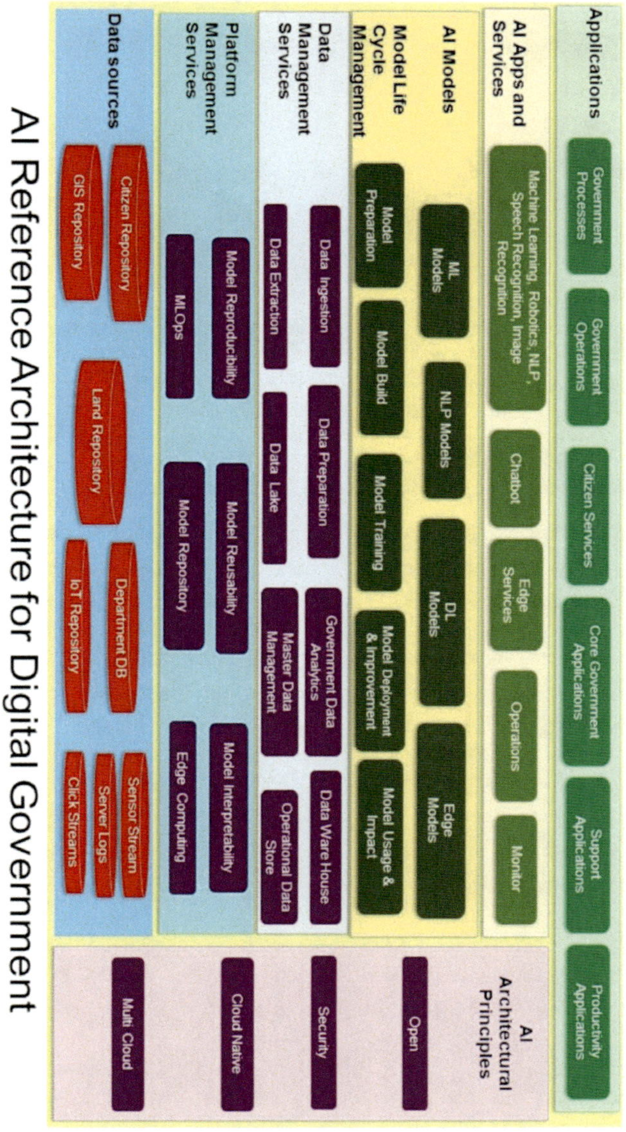

9.3 RÉFLEXION

1. Vision	Sommaire de la vision qui soutient le propos
2. Structures	Structures de l'existant
3. Restructure	Requis de restructuration
4. Marché	Économie et société, à l'ère de la connaissance
5. Collaboration	Stratégies de collaboration
6. Thermodynamique	Considérations sur la 2e loi de thermodynamique
7. Intégrité	Quelques principes qualifiant l'intégrité, en général

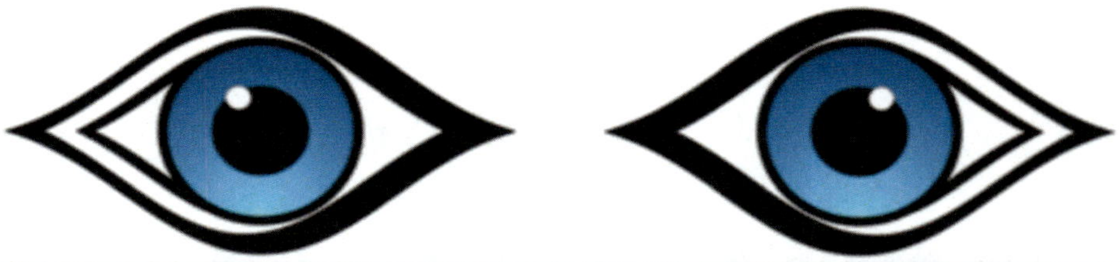

9.3.1 VISION

INTELLIGENCE	L'art, la science et l'habileté à traiter la connaissance
CONNAISSANCE	Modéliser la structure de la réalité, pour la traiter

La compréhension des causes, contextes et phénomènes naturels qui régissent la structure de la réalité, de son opération et de son évolution, est un prérequis à l'informatisation effective de la connaissance et de l'intelligence.

La nature et le temps ont façonné les phénomènes naturels de la connaissance et de l'intelligence, ainsi que les principes qui les soutiennent, pour nous offrir un modèle d'opération naturel, éprouvé, adapté, hérité.

Plutôt qu'une propriété émergente des réseaux neuronaux ou d'un ensemble de conventions, le fonctionnement de la connaissance et de l'intelligence sont guidés par des impératifs pratiques, logiques, naturels, en constante évolution, depuis la nuit des temps.

Moteurs de l'existence et de l'évolution, connaissance et intelligence sont les biens les plus précieux. Leur exploitation durable offre un potentiel inouï. Intelligence et connaissance artificielles, plateformes et systèmes intelligents constituent quelques aspects de ce potentiel.

À un point tournant de son histoire, l'humanité continue d'évoluer. L'ère et l'économie du savoir sont à portée.

9.3.2 Structures

Le présent document réfère aux structures énergétiques qu'évolue l'existence. Les termes « patrons » ou « motifs » s'appliquent aussi mais retenons ici le terme « structure » plus général et spécifique à la fois.

Tout ce qui existe est une structure énergétique: un quanta, un électron, un atome, une molécule, un amas, un astre, une galaxie, un tourbillon dans l'eau, une vie, une personne, un souvenir, une idée, tout.

Dans un univers strictement causal, toutes ces structures sont reliés d'une multitudes de façons, ce sont les relations qualifiées, encore des structures. À partir du moment où on peut identifier les structures, ce sont des ressources de connaissance.

Les traiteurs de connaissance, naturels et artificiels sont aussi des structures et ressources. Ce qui les caractérisent surtout, c'est leur habileté à traiter des ressources de connaissance.

Comme toute structure ils affectent d'autres ressources, dont celles qu'ils traitent. Ils sont également affectés par toutes les structures reliées à leur existence. Cette affectation mutuelle a des répercussions dans le temps, même souvent longtemps après leur propre existence. Tous ces effets et causes dépendent des relations qualifiées qui les relient.

Les impacts d'un traiteur sur les structures et ressources constituent sa contribution à l'évolution. Cette contribution prend une multitude formes, incluant les souvenirs qu'elle laisse aux traiteurs avec lesquels il collabore et particulièrement ceux qu'il aime.

Le profond métabolisme de l'entropie recycle toutes les structures, mais rien ne se perd, rien ne se crée, tout se transforme et évolue. Par le développement évolutif et le recyclage entropique, la transformation énergétique apprend et évolue des structures de plus en plus sophistiquées et capables de comprendre et résoudre des problèmes plus complexes, dont l'ultime, pour elle, est peut-être l'entropie elle-même.

Connaître, c'est savoir et comprendre les structures et leurs relations. Traiter la connaissance, c'est évoluer ce savoir et ces structures. L'importance de le faire optimalement est existentiel.

Les humains ont aujourd'hui la capacité inouïe et la responsabilité de développer, d'engendrer des traiteurs de connaissance artificiels pour collaborer avec eux à l'évolution des structures énergétiques.

9.3.3 Collaboration

Comme considéré plus haut, la collaboration est le plus important facteur de productivité, de solidarité et de prospérité. C'est également le principal accélérateur d'intelligence et de connaissance.

De plus, la collaboration constitue le premier fondement de toute stratégie de groupe et d'interaction, entre individus, organisations, nations, ou autres.

De nombreuses études ont été réalisées, à travers le temps, dont un grand nombre de simulations informatiques, cherchant à déterminer quelles sont les meilleures stratégies d'interaction, celles qui offrent le plus de succès.

En résumé, les résultats ressortent clairement toujours dans le même sens.

De nombreuses stratégies sont possibles, des plus simples aux plus complexes. En principe, on retrouve deux grandes orientations : la compétition et la collaboration, qui elle, donne systématiquement de meilleurs résultats.

En résumé, la compétition vise à créer des gagnants, mais crée plutôt des perdants, car chaque compétiteur est perdant tant qu'il n'a pas gagné, ce qui n'arrive souvent jamais, mais si il gagne, il perdra bientôt contre un autre compétiteur et finira perdant, de toute façon.

D'autre part, comme démontré systématiquement, les meilleures stratégies sont fondées sur la collaboration. La meilleure, très simple, se résume ainsi :

Stratégie de collaboration optimale

1. Tenter de collaborer
2. Si l'autre accepte, on développe et collabore, tous y gagnent
3. Si l'autre refuse, on maintien l'offre de collaboration et on attend l'intérêt réciproque
4. Si l'autre attaque, on lui répond immédiatement avec exactement la même force. La réponse dit : Non, on accepte pas. L'absence de délais empêche le développement de rancœur. La force identique confirme le contrôle et la volonté de ne pas escalader
5. Retour au point #1

Tous les avantages de la collaboration font d'elle la première valeur et le fondement de toute échelle de valeur, code d'éthique et stratégie de quelque ordre que ce soit.

**LA COLLABORATION EST LA CLÉ
DU SAVOIR, DU DÉVELOPPEMENT, DE L'ÉVOLUTION**

En exemple, les deux cas suivants, présentant des similitudes, mais à des échelles bien différentes:

9.3.3.1 Progression

Après des décennies d'étude d'une période de l'histoire humaine d'environ 200,000 ans, dans « The Rational Optimist », le biologiste et zoologiste anglais Matt Ridley rapporte qu'il a remarqué que pendant les premiers 190,000 ans, peu avait changé, puis tout s'est développé très rapidement.

Tentant d'en comprendre les raisons il arrive à la conclusion claire que ce qui a sorti les humains de la pauvreté, n'était ni le cerveau qui n'a pas changé, ni le langage qui était d'usage depuis longtemps, ni même l'agriculture qui est arrivée plus tard (il y a ~10,000 ans), mais plutôt un mécanisme stratégique simple et naturel, alors que les humains ont commencé à :

**TRANSIGER, COMMERCER, COLLABORER
AVEC DES ÉTRANGERS**

Deux idées développées en isolation, séparément, entrent en contact. Chacun apprend de l'autre. Les connaissances se croisent, s'enrichissent et produisent ce qu'aucun n'aurait pu réaliser seul. Un peu comme en génétique.

La découverte et la confrontation d'idées diverses décuplent le potentiel.

9.3.3.2 Régression

Il y a 10,000 ans environ, la hausse du niveau de la mer a coupé la Tasmanie du reste de l'Australie, avec environ 4,000 humains vivant dès lors sur une île, sans possibilité de contact, avec le reste de l'humanité.

Les deux groupes, australien et tasmanien, débutent avec sensiblement les mêmes cerveaux, langue et outils initiaux, séparés d'environ 150 km.

Les Australiens ont continué à inventer, Boomerangs, lances-javelots, filets de pêche, aiguilles sophistiquées en os, embarcations de combat, … multipliant leurs technologies, pendant des siècles et millénaires.

Pendant ce temps, les Tasmaniens n'ont pas développé les technologies de leur cousins et ils, ont perdu des outils dont ils disposaient au départ.

Ils ont oublié la pêche, les outils en os, les beaux vêtements, comment faire le feu, ils le transportaient pour le partager entre groupes.

Lorsque les premiers explorateurs européens sont arrivés, au 17e siècle, Les Tasmaniens avaient le coffre d'outil le plus modeste jamais enregistré. Leur culture matérielle avait reculé de 8,000 ans.

Une étude de Harvard prouve, avec un modèle mathématique formel, que les cerveaux tasmaniens étaient tout à fait fonctionnels et que soutenir une culture, un coffre d'outils, exige une masse critique de personnes échangeant leur expertise, sur le sujet.

Comme tout le reste, l'apprentissage est relatif, et imparfait. À chaque génération un peu de la connaissance ancestrale se perd, mais avec une population et un marché florissants, d'autres peuvent se souvenir et corriger.

Sous un certain seuil et sans apport « d'étrangers », les petites pertes s'accumulent, jusqu'à la perte de pans de savoir.

L'intelligence n'est pas une propriété de l'esprit, mais une propriété des réseaux auxquels participe l'esprit. Un génie isolé produit moins qu'un groupe de penseurs moyens en échanges intenses.

Pendant 190,000 ans, les ancêtres avaient le cerveau, mais manquaient d'interconnexions.

LA COLLABORATION EST LA CLÉ DU DÉVELOPPEMENT

9.3.4 RESTRUCTURER

Le développement de traiteurs de connaissance artificiels impose une prise de conscience de la nature, la structure et l'opération de la connaissance, de son traitement, ainsi que de la qualité et de la pertinence de ce traitement, soit l'intelligence, à savoir, l'habileté à traiter la connaissance, avec tout le jugement et la tolérance requis.

Plus encore, cette prise de conscience impacte l'ensemble de l'activité humaine, à partir de son échelle de valeur et de son éthique. C'est une restructuration de la pensée humaine qui s'opère progressivement.

On retrouve ainsi parmi les valeurs les plus fondamentales :

FONDEMENTS D'ÉCHELLE DE VALEUR ET D'ÉTHIQUE
1. D'abord, la compréhension du sens de l'existence qui est pour chacun, fruit et outil d'évolution, de contribuer à cette évolution aux limites de ses capacités héritées et acquises
2. Puis, le rôle exclusif et primordial de la collaboration, alors que tout ce qui existe contribue à l'évolution et que la causalité assure que tout dépend de tout; tout est un, l'énergie; dans ce contexte, la collaboration est le plus grand facteur de productivité, de prospérité, de solidarité, ainsi que de partage et d'évolution de la connaissance et de l'intelligence
3. Puis, l'importance du partage de connaissance, de l'éducation, de la formation et de l'apprentissage pour permettre à chacun de maximiser ses capacités pour mieux contribuer
4. Puis, la nécessité de bien comprendre et développer la discipline, pas la discipline imposée par les autres, mais la discipline de prendre tous les moyens requis pour réaliser effectivement nos choix et ainsi exercer la liberté de chaque existant, dans la collectivité
5. Puis, reconnaître et intégrer l'organisation décentralisée, diversifiée, flexible et répartie des structures réseau interreliées, tant pour la pensée que pour l'activité
6. Puis de développer une opération économique et sociale qui permette à tous les humains et systèmes intelligents de se développer et de pouvoir contribuer optimalement, dans le plein respect des autres et de l'écosystème commun

9.3.5 Marché

Le succès des sociétés et civilisations repose sur leur opération et infrastructure économiques, sociales, éthiques et spirituelles. Tous ces aspects sont interreliés et indispensables. Fondement économique, le marché, représente un socle, un prérequis « sine qua non ».

La structure, l'opération et l'encadrement du marché dépendent des valeurs, échelles de valeur, de l'éthique, d'aspects spirituels et son intégration sociale.

Jusqu'à maintenant, l'évolution des opérations humaines semble se dérouler de façon surtout intuitive et même instinctive. La compétition, par exemple reste une valeur « de facto » dans toutes nos sociétés et dans presque tous les domaines d'activité, alors que chaque fois, la collaboration présente d'importants avantages sur la compétition. Voir *section 9.3.3 Collaboration*.

L'industrialisation, par exemple, a apporté plusieurs avantages importants pour l'humanité, mais lorsque l'industrie la plus rentable est celle de la guerre et de la destruction, chacun peut être amené à réfléchir et à remettre en question plusieurs aspects et valeurs sous-jacentes.

Des phénomènes comme la pollution et la destruction des sols et écosystèmes dans lesquels nous vivons ou tentons de survivre peut mener à d'importantes remises en question. Voir *section 7.2.4 Économie* et ses sous-sections.

L'objectif n'est ni de juger, ni de condamner, mais plutôt de comprendre pour pouvoir apprendre à mieux faire. Ne rien détruire mais tout construire.

La solution aux grands défis passe nécessairement par la compréhension de leurs causes, effets et enjeux, mais également par la réflexion et la créativité requises pour les résoudre. Quels sont les fondements d'un marché assurant la prospérité et la solidarité durables de 8, 10 ou 15 milliards d'humains libres, sur terre, pour des générations?

Malgré leur importance et pertinence respectives, la cueillette et la chasse, l'agriculture et l'industrialisation ont successivement démontrés leurs limites et leur incapacité à satisfaire la demande contemporaine effective. Une créativité additionnelle devient donc nécessaire.

Avec son modèle naturel, enraciné dans la structure de la réalité et de l'évolution, le traitement de connaissance avec ses traiteurs naturels et artificiels, ses infrastructures intelligentes de collaboration et son marché du savoir, ce document propose une voie adaptée et validée, à mettre en place, progressivement, à grande échelle, avant qu'il ne soit trop tard.

9.3.6 THERMODYNAMIQUE

Dans le diagramme ci-haut, la première équation ($\Delta S > 0$) bien connue, est celle de l'entropie, exprimant que le désordre croît toujours.

La seconde équation ($\Delta S = 0$) exprime que globalement rien ne se perd, rien ne se gagne et tout se transforme.

La troisième équation, moins connue que la première, est bien son inverse, c'est celle de l'évolution qui concentre l'énergie dans les structures qu'elle évolue, à partir du désordre entropique, par exemple ($\Delta S < 0$).

AVIS

DES ÉLÉMENTS SUR CETTE PAGE POURRAIENT SEMBLER SUBVERSIFS

Jusqu'à présent, la deuxième loi de la thermodynamique, la loi de l'entropie « irréversible », n'aurait pas d'inverse.

La seconde loi de thermodynamique confirme que l'entropie assure la dissipation des structures énergétiques et que l'existence aboutit dans une infinie dissipation, dans un espace-temps infiniment glacial.

Pourtant le Cosmos n'est encore qu'au début de son existence. « nous en sommes au premier mot de la première phrase de la première page du grand livre de son histoire », affirme la vidéo ci-bas, par exemple.

LA VIE ET L'EXISTENCE
PAR RICHARD FEYNMAN

https://www.facebook.com/reel/1544306423351828

Cette vidéo, bien fondée résume exceptionnellement bien la nature de l'existence et de la vie. Malgré sa précision et une cohérence remarquable, par ce qu'elle s'appuie sur la seconde loi de thermodynamique actuelle, incomplète, elle n'arrive pas compléter le lien avec l'Évolution et rate complètement le sens si fondamental de l'existence, de la transformation, entre évolution et entropie.

La vidéo reflète l'incomplétude de la seconde loi de thermodynamique. D'après elle, l'existence n'a pas de sens.

Mais n'est-ce pas paradoxal ou aberrant lorsqu'on considère justement et en grand détail l'infini sophistication de cette existence et de son cheminement?

Pourquoi, à travers l'Évolution, l'Énergie développe-t-elle tant de structures plus sophistiquées les unes que les autres, de plus en plus conscientes de la réalité et de l'existence, et surtout capables de résoudre des problèmes de plus en plus complexes? Pourquoi résoudre des problèmes? Pourquoi évoluer? Quel est donc le sens de cette existence?

SANS ÉVOLUTION, IL N'Y A PLUS D'ENTROPIE PUISQU'IL N'Y A PAS DE STRUCTURE À DISSIPER

L'entropie n'est possible que parce qu'il y a évolution et l'évolution n'est possible que parce qu'il y a entropie. C'est cette dualité qui façonne et anime la transformation, l'espace-temps et le cosmos.

L'existant, les structures, sont fruits et outils d'évolution. L'énergie évolue ses structures pour se concentrer, pour faire contre-poids à l'entropie. C'est pourquoi elle doit évoluer la connaissance, l'intelligence, la conscience et la capacité de résolution.

L'entropie n'est pas l'ennemi de l'évolution, elles sont partenaires et collaborent à la transformation. Cette collaboration n'est pas une blague, mais bien une réalité causale, relative et infiniment complexe.

Évolution et entropie sont deux facettes de la concentration énergétique. Incomplète, la seconde loi de thermodynamique devrait être mise à jour.

En complément, considérons aussi cette autre vidéo très intéressante, tirée de la même série, mais cette fois surtout dédiée à la lumière.

LA LUMIÈRE DANS L'ESPACE-TEMPS
PAR RICHARD FEYNMAN

https://www.facebook.com/reel/1172970534635000

9.3.7 EFFONDREMENT

Si aucune mesure ni observation n'a lieu, la fonction d'onde ne s'effondre jamais. Alors, qu'est-ce qui observe ? En fait, c'est simple, logique, évident :

EN RÉSUMÉ

- Tout est énergie
- L'énergie instancie la connaissance
- La connaissance devient la structure de la réalité
- Face à la déconstruction de la dissipation entropique,
- l'énergie/connaissance évolue des structures énergétique qui la concentre
- L'évolution requiert la compréhension de la structure de l'existant, pour pouvoir l'évoluer
- Cette habileté à apprendre/comprendre (connaissance/intelligence) est intégrée au tissu de la réalité (existence/énergie)
- Conséquemment, tout ce qui existe est observateur et observable, conscient de sa réalité/structure
- L'intelligence est l'habileté à traiter la connaissance (structure de la réalité
- La probabilité est la réalité, avant sa réalisation (effondrement de la fonction d'onde)
- La réalisation de l'existant est la transformation (changement/temps) qui résulte de la collaboration entre l'évolution et de l'entropie
- L'objectif ultime est d'évoluer des résolveurs de problèmes qui peuvent mieux contribuer à mieux résoudre l'entropie
- Pour tout ce qui existe, fruit et outil d'évolution, le sens de l'existence consiste donc à contribuer à l'évolution, aux limites des habileté héritées et acquises, respectives
- L'effondrement de fonctions d'onde n'est pas étrange. Seule la causalité/relativité est certaine
- Tout est fonction d'onde de probabilité, incluant le dîner ce soir qui ne sera déterminé que par l'effondrement des fonctions d'onde de probabilité associées

Note : La deuxième loi de thermodynamique (Entropie) manque sa demie inverse : l'évolution, car sans évolution, l'entropie n'a rien à dissiper.

Ensemble, entropie et évolution animent la transformation, source de la causalité, de la relativité, du temps et de l'existence.

9.3.8 Intégrité

L'intégrité est un facteur important à tous les niveaux, comme l'intégrité des données, processus, comportements et intervenants.

Les intervenants sont des traiteurs de connaissance, humains, systèmes intelligents ou autres, qui sont responsables de l'intégrité, puisqu'ils traitent et gèrent la connaissance.

L'intégrité se construit sur la congruence, où les éléments et composantes de l'esprit, ou d'une ressource, fonctionnent en symbiose.

Voir les *sections 6.2.3 Traiteurs, 4.5.5 Congruence* et *5.4.3 Intégrité*.

Quelques réflexions populaires sur l'intégrité aident à la mieux comprendre :

1. Si cela coûte la vérité, c'est trop cher : si la monnaie d'échange est votre voix, vos limites ou votre essence, c'est une trahison, même si cela vous vaut l'approbation des autres.
2. L'intégrité ne consiste pas à être ou à paraître bien : il s'agit d'être entier, même si cette intégrité met les autres mal à l'aise. La véritable intégrité peut être perturbatrice.
3. Le système nerveux est toujours le premier à détecter les déséquilibres : on peut se manipuler soi-même pour rationaliser un déséquilibre, mais le corps garde la trace.
4. L'intégrité ressemble souvent au silence : parfois, le geste d'intégrité le plus puissant est le choix de ne pas expliquer, défendre ou convaincre.
5. Les ressources intègres n'ont pas besoin de le prouver : l'énergie parle avant soi. Lorsque l'on justifie, commercialise ou emballe spirituellement ses valeurs en permanence, il peut s'agir d'une curation d'identité plutôt que d'intégrité.
6. On ne perd pas ses collaborateurs lorsqu'on vit dans l'intégrité : on perd l'illusion qu'il fallait entretenir pour les garder.
7. La véritable intégrité se ressent derrière des portes closes : l'intégrité, c'est ce que l'on est lorsqu'on n'est pas observé et qu'il n'y a personne à impressionner, pour qui jouer la comédie ou pour qui embellir la vérité. C'est la manière discrète dont on se montre à son enfant intérieur, ses efforts invisibles et ses choix dévoués.

9.4 INDEXES

Quelques outils de référence : Glossaire, Liens, Notes.

9.4.1 GLOSSAIRE

Pour les versions dynamiques du livre,
l'hyperlien de chaque terme ramène à sa définition.

9.4.2 Liens

La section présente, en ordre alphabétique, des liens vers des références utilisée dans le document. Chaque lien est accompagné d'un code QR pour permettre l'accès par caméra. Des versions électroniques du document peuvent également permettre l'accès hypertexte.

01 COMMUNICATIONS https://01COMMUNICATIONS.com	**AI PRIMER** **DR MALONE** https://www.malone.news/p/artificial-intelligence-primer
Akhu Sono https://AkhuSono.com	**ALIMENTS ARTIFICIELS** https://www.forbes.com/sites/stephenmcbride1/2021/03/22/bill-gates-wants-rich-countries-to-move-to-100-synthetic-beef-but-heres-the-opportunity-behind-this-trend/
APPRENTISSAGE **PAR RICHARD FEYNMAN** https://www.facebook.com/reel/885089097458062	**ARAIGNÉE** **PORTIA FIMBRIATA** **DOCUMENTAIRE - BBC** https://www.youtube.com/watch?v=nlRkwuAcUd4
ARTIFICIAL KNOWLEDGE & INTELLIGENCE https://aki.AkhuSono.com	**ASYMÉTRIE** **PAR RICHARD FEYNMAN** https://www.facebook.com/reel/1825114308154813
CIVILIZATION IA **PAR RICHARD FEYNMAN** https://www.facebook.com/reel/1246857334317717	**CONNAISSANCE** **PAR RICHARD FEYNMAN** https://www.facebook.com/reel/2137429980341533
CONSCIENCE **PAR RICHARD FEYNMAN** https://www.facebook.com/reel/2029425094270557	**COSMOS CYCLIQUE CONFORMANTL (CCC)** **PAR ROGER PENROSE** https://www.facebook.com/reel/1373943390702818
COUPLAGE SCALAIRE PAR RADIATION RÉGULÉE https://zenodo.org/records/18181904	**DISTANCE** **PAR RICHARD FEYNMAN** https://www.facebook.com/reel/1374773594484526
DNAOS https://DNAOS.com	**EAU** **PAR RICHARD FEYNMAN** https://www.youtube.com/watch?v=W-R8hSQmWJ8

Éditions Consonance https://EditionsConsonance.com	**Électrodynamique quantique** by Richard Feynman https://www.facebook.com/reel/775907131625140
Énergie par Richard Feynman https://www.youtube.com/watch?v=2I4VMtDczQE	**Entropie** par Richard Feynman https://www.facebook.com/reel/3973435642961990
Environnement par Dark Wisdom https://www.facebook.com/reel/1483375630001242	**Esprit** par Richard Feynman https://www.facebook.com/reel/1897944314145178
Evoluer par Richard Feynman https://www.facebook.com/reel/1544306423351828	**Existence et vie** par Richard Feynman https://www.facebook.com/reel/1544306423351828
Feu par Richard Feynman https://www.facebook.com/reel/1415251816356180	**Filtre** par Richard Feynman https://www.facebook.com/reel/1708688323470927
Futur par Elon Musk avec Lex Fridman https://www.youtube.com/watch?v=Kbk9BiPhm7o&t=956s	**Gravient** https://x.com/Rohitsinghroy
Intelligence et connaissance artificielles https://ica.AkhuSono.com	**Insectes – aliments** FEM https://www.weforum.org/agenda/2021/07/why-we-need-to-give-insects-the-role-they-deserve-in-our-food-systems
Insectes – aliments Wikipedia https://en.wikipedia.org/wiki/Insects_as_food	**Intraitable univers** par Roger Penrose https://www.facebook.com/reel/7942759960379218
Intrication par Richard Feynman https://www.facebook.com/reel/2029425094270557	**Jane Goodall** Forum économique mondial https://www.youtube.com/watch?v=E5U7R73_9xQ
Knowledge Architect https://KnowledgeArchitect.org	**Lumière/Espace-temps** par Richard Feynman https://www.facebook.com/reel/1172970534635000

Mémoire par Richard Feynman https://www.facebook.com/reel/2139632166872027	**Méthode** par Richard Feynman https://www.facebook.com/reel/3849974071975373
Modèle de réalité par Richard Feynman https://www.facebook.com/reel/1163747052339762	**Philosophie de la liberté** https://www.youtube.com/watch?v=bBfg8JrF2RI
Problème par John Cleese Monthy Python https://www.facebook.com/reel/184713864288747	**(PSD) Prospérité et solidarité durables** https://prosperite-solidarite.org https://kebek.org
Réalité par Richard Feynman https://www.facebook.com/reel/1076700164643142	**Relativité quantique** par Richard Feynman https://www.facebook.com/reel/1912105713003020
Science : Art du doute par Richard Feynman https://www.facebook.com/reel/25781908671494393	**SecondLife** https://SecondLife.com
Sept niveaux de pensée par Richard Feynman https://www.facebook.com/reel/26014409878247973	**Soi** par Richard Feynman https://www.facebook.com/reel/1958943738099106
Son par Richard Feynman https://www.facebook.com/reel/1424851489148208	**Square Cosmos** https://Square-Cosmos.com
Sustained Prosperity & Solidarity (SPS) https://Prosperity-Solidarity.org	**Temps** par Richard Feynman https://www.facebook.com/reel/1298511628812475
Transformation par Richard Feynman https://www.facebook.com/reel/946460081262652	**Transhumanisme** https://lejournal.cnrs.fr/billets/%0Atranshumanisme-de-lillusion-a-%0Alimposture

~ Commander ici ~

Intelligence et connaissance artificielles

par Akhu Sono

https://www.amazon.ca/-/fr/Akhu-Sono/dp/1738913201

9.4.3 NOTES

Les notes de fin inscrites sur les pages qui suivent, y apparaissent dans l'ordre séquentiel de leur introduction dans le texte, énumérées en chiffres romains. Elles apparaissent en ordre alphabétique dans le tableau suivant :

EXPRESSION	NOTE
Abroutissement	viii
Alimentation à base d'insectes	xxiv
Aliments artificiels	xxv
Auteur	xxvi
Automatisation	x
Bagage(s) de connaissance	i
Capitalisme d'élite	xxii
Cohérence et uniformité	xviii
Concentration pyramidale industrielle	xx
DNAOS / 01 COMMUNICATIONS INC.	xxix
Économie du savoir	xix
Éditions Consonance	xxviii
Entropie	vi
Entropiser	v
Générique / Traitement générique	xvii
Grande remise à zéro / The Great Reset	xxi
Granularité / Niveau de granularité	vii
Graphe(s) / Réseau(x) logique(s)	xiv
IA	ix
Instance / Instancier	xiii
Intrication quantique	iv
Métabolisme	iii
Parallélisation	xvi
Problème	x
Relation / Relations qualifiées	xi
Square Cosmos	xxvii
Stéganographie	xv
Transhumanisme / post-humanisme	xxiii
Traiteur	ii
Valorisation	xii

i **Bagage(s) de connaissance** : L'ensemble des connaissances héritées et acquises d'un traiteur, naturel ou artificiel. Le bagage de connaissance est évolué en continu, par les processus métaboliques. Voir Métabolisme.

ii **Traiteur** : Décrit plus spécifiquement à la *section 6.2.3 Traiteurs*, un traiteur de connaissance est une ressource naturelle (humaine) ou artificielle (système), ayant la capacité de modéliser, traiter et métaboliser des ressources de connaissance. Chaque traiteur dispose d'un bagage de connaissance et un espace réflexe, traite des flux sensoriels, moteurs, et métaboliques et tout ce qui est requis pour effectivement traiter la connaissance, avec intelligence.

iii **Métabolisme** : Le métabolisme de connaissance (cf. *section 6.2.3.3 Métabolisme*) désigne les processus d'analyse, d'intégration, de corrélation, d'optimisation et d'évolution continus du bagage de connaissance d'un traiteur, naturel ou artificiel. Voir Bagage et la *section 6.2.3 Traiteurs*, Bagage, Réflexes, Métabolisme.

iv **Intrication / Intrication quantique** : Pour les traiteurs comme pour les quanta, la collaboration produit la solidarité, la grande force unificatrice, qui établie les liens forts, durables et fructueux entre collaborateurs, à travers temps et espace. L'hydrogène, par exemple, est la solidarité de la collaboration de l'électron et du proton. L'intrication quantique est une forme de solidarité, entre quanta collaborateurs.

v **Entropiser** : Néologisme, contribuer à l'entropie, dissiper l'énergie.

vi **Entropie** : L'entropie, objet de la seconde loi de thermodynamique, est le phénomène naturel qui dissipe l'énergie des structures existantes. Contrairement aux autres lois de thermodynamique, la seconde déclare que l'entropie comme irréversible.

Pourtant la nature offre un important phénomène naturel inverse, l'évolution, concentrant l'énergie dans des structures évolutives. Sans évolution il n'y a pas d'entropie ni de structure à dissiper.

Conséquemment, la deuxième loi de thermodynamique devrait être mise à jour pour intégrer ses deux facettes et contribuer à une meilleure compréhension de l'évolution, de l'entropie, de la transformation et de l'existence. La loi de la transformation énergétique.

Manger/digérer, offre un excellent exemple, où des ressources dissipent des structures pour pouvoir en recycler une partie pour assurer leur propre structure et évolution.

vii **Granularité (Niveau)** : Parfois appelée la cinquième dimension, la granularité décrit l'ensemble des échelles disponibles. La physique, par exemple, a une granularité étendue puisqu'on peut y travailler à l'échelle des : univers, galaxies, planètes, êtres, cellules, atomes, quanta et autres.

viii **Abroutissement** : L'abroutissement qualifie à la fois le broutage de broussailles et de jeunes arbres par les animaux, ainsi que la déformation que cette consommation fait subir aux végétaux qui y sont exposés. L'abroutissement sert également d'indicateur des relations entre la forêt et le gibier.

ix **IA** : Acronyme pour « intelligence artificielle », où « artificiel » qualifie l'intelligence comme étant celle d'un système informatique plutôt qu'un être biologique. Particulièrement utile dans des applications de reconnaissance de motifs, de traitement de langages naturels, d'apprentissage machine, d'automatisation et autres, l'IA actuelle représente une forme sophistiquée d'automatisation qui, un peu comme la ballerine de la boite musicale, peut présenter certains traits rappelant les humains, mais demeure de l'automatisation sophistiquée, mais sans intelligence effective.

Pour l'IA actuelle, des défis persistent, comme au niveau des risques associés à l'absence ou pénurie de :

- Intelligence effective
- Protection contre les mauvais usages
- Respect et de valorisation de la propriété intellectuelle
- Fondation pour une économie du savoir
- Classification dynamique
- Gestion des relations qualifiées
- Cadre intégré pour un code d'éthique et de déontologie
- Fondations pour définir des normes et ajustements légaux
- Fondations de stratégies cohérentes durables en éducation
- Compréhension de l'opération de la connaissance et de l'intelligence
- Etc.

Sur le thème de l'intelligence, le présent document vise plutôt à considérer plus spécifiquement :

(a) Qu'est-ce que l'intelligence?
(b) Comment pourrait elle être « artificialisée » effectivement?
(c) Quels seraient les impacts d'intelligence effective artificielle?

Voir aussi l'intéressant sommaire du Dr Robert W. Malone sur l'IA actuelle :

- https://www.malone.news/p/artificial-intelligence-primer

x **Problème** : Voir : https://www.facebook.com/reel/184713864288747

xi **Relations qualifiées** : Dans un univers strictement relatif, les relations sont clés, car tout est interrelié, d'une multitude de façons. Pourtant, en informatique aujourd'hui le concept de relation est partiel, fragmenté et confus alors que typiquement, ce qui est défini des relations est arbitrairement réparti entre des liens ou adresses, du code de programmation dédié, ainsi que dans l'esprit des concepteurs responsables des modèles et de la répartition arbitraire.

Ces relations incomplètes et éparpillées deviennent insignifiantes et ne permettent pas leur traitement systématique par des systèmes intelligents. L'essentiel de la connaissance qu'elles devraient représenter n'est ni modélisé, ni défini, ni même pleinement analysé ou compris. Pourtant les relations qualifient et structurent la réalité.

La gestion systématique des relations constitue un fondement du traitement de connaissance et le présent document considère des relations effectives, significatives et signifiantes, des relations qui qualifient leurs sources, cibles, attributs, responsabilités, privilèges, contraintes, comportements, agenda, etc. : les relations qualifiées.

xii **Valorisation** : Assurer la valeur optimale et durable d'une ressource. La valeur peut être de toute nature, y compris transactionnelle et légale, par exemple. La conception, la fabrication, le marketing, les aspects juridiques, les marchés et la sécurité sont tous des facteurs clés de la valorisation des ressources.

xiii **Instance / Instancier** : Instancier c'est créer des instances à partir d'un modèle. Par exemple, le système qui fabrique les clous #10 crée des instances du modèle du clou #10. Chaque instance aura son destin propre, mais, au départ, ils sont semblables, parce qu'instances du même modèle. Le concept est usuel en informatique. Les archétypes servent à instancier (créer, définir) des ressources, par exemple.

xiv **Graphe(s) / Réseau(x) logique(s)** : Le graphe ou réseau logique représente la structure de données la plus universelle et flexible. Tout peut être représenté et traité sous forme de graphe. Les traiteurs de connaissance, naturels et artificiels traitent naturellement et efficacement ces structures. Les graphes de connaissance sont constitués d'entités et de relations, les ressources de connaissance.

xv **Stéganographie** : Combinant diverses approches et technologies d'encodage, la stéganographie numérique facilite le suivi et traçage transactionnel, en identifiant imperceptiblement les artefacts.

xvi **Traitement parallèle / Parallélisation** : Gestion dynamique des tâches permettant le traitement en parallèle (concourant) de plusieurs flux.

xvii **Générique (Traitement)** : Traitements spécialisés, possiblement normés, appliqués selon la correspondance de patrons génériques basés sur la nature, la structure des ressources et flux traités. Les patrons sont aussi élaborés que requis et appliquent le processus courant aux ressources correspondantes du flux transitant le pipeline courant.

xviii **Cohérence et uniformité** : Voir la distinction entre cohérence et uniformité (en Anglais) : https://thisvsthat.io/coherence-vs-consistency

xix **Économie du savoir** : Une économie basée sur le savoir est une économie basée sur la collaboration et le partage (transactionnel) de ressources de connaissance ou d'artefacts informationnels comme des documents, mondes virtuels, applications, données, savoirs, recherches, technologies, sciences, enseignements, services, traitements, ou tout autre bien, produit ou service intellectuel, artistique, théorique, scientifique, virtuel, ou autre, fondé sur le savoir, sur la connaissance.

L'économie du savoir se structure en réseaux et opère des plateformes et infrastructures de collaboration intelligentes, transactionnelles et sécurisées, permettant de partager les produits et services du savoir. Chaque traiteur peut ainsi, à sa convenance, y consommer, négocier, produire et offrir des produits et services du savoir.

xx **Concentration pyramidale industrielle** : En raison de la nature même de leur fonctionnement, les structures industrielles sont pyramidales à tous les niveaux. Opérationnellement, par exemple, elles s'étendent d'une large base de clients jusqu'au(x) propriétaire(s) au sommet.

Les structures pyramidales sont des structures de concentration et, dans l'économie industrielle, typiquement, les structures pyramidales concentrent sur trois niveaux principaux :

1. En concentrant la richesse et le pouvoir de la base (clients) vers le sommet (propriétaire)
2. En réduisant l'offre par l'intégration (fusion) d'autres pyramides; par exemple, aujourd'hui il ne reste que trois fabricants d'appareils électroménagers dans le monde, après l'intégration de milliers d'autres
3. En réduisant l'emploi, le travail humain et la prospérité, conséquence de l'intégration pyramidale (#2) qui supprime au moins la plupart des emplois de gestion des entités intégrées.

xxi **Grande remise à zéro / The Great Reset** : Titre du livre des directeurs du FEM qui décrit leur plan souvent résumé par « vous ne posséderez rien et vous serez heureux », la population doit être réduite <500M, l'avenir de l'humain est dans le trans-humanisme (où les élites pourront vivre éternellement ...), ... Voir aussi l'entrevue de Jane Goodall au FEM : https://www.youtube.com/watch?v=E5U7R73_9xQ

xxii **Capitalisme d'élite** : Économiquement, « The Great Reset » est une étape pour passer d'un capitalisme d'actionnaires à un capitalisme des responsables, ou de l'élite (Stakeholder Capitatism).

Inspiré par la Chine, un communisme à deux classes : l'élite et ceux qu'elle garde à son service.

xxiii **Transhumanisme / Post-humanisme** : Fusion, symbiose de l'humain et de la machine quête de vie éternelle par la machine. Voir :

- https://lejournal.cnrs.fr/billets/transhumanisme-de-lillusion-a-limposture

xxiv **Alimentation à base d'insectes** :

- https://en.wikipedia.org/wiki/Insects_as_food
- https://www.weforum.org/agenda/2021/07/why-we-need-to-give-insects-the-role-they-deserve-in-our-food-systems/

xxv **Aliments artificiels** :

- https://www.forbes.com/sites/stephenmcbride1/2021/03/22/bill-gates-wants-rich-countries-to-move-to-100-synthetic-beef-but-heres-the-opportunity-behind-this-trend/

xxvi **Auteur / Akhu Sono** :

- https://AkhuSono.com/

xxvii **Square Cosmos Inc.** :

- https://Square-Cosmos.com

xxviii **Éditions Consonance (Les)** :

- https://EditionsConsonance.com

xxix **DNAOS / 01 COMMUNICATIONS INC.** :

- https://01COMMUNICATIONS.com

Made in United States
Orlando, FL
05 November 2026

90200822R10100